Noemi Daugaard

Grauenvolle Atmosphären

Tondesign und Farbgestaltung als affektive und subjektivierende Stilmittel in THE SILENCE OF THE LAMBS

FILM- UND MEDIENWISSENSCHAFT

Herausgegeben von Irmbert Schenk und Hans Jürgen Wulff

ISSN 1866-3397

27 *Phillip Dreher*
Morin und der Film als Spiegel
Eine theoriegeschichtliche Verortung der Filmtheorie von Edgar Morin
ISBN 978-3-8382-0486-4

28 *Marlies Klamt*
Das Spiel mit den Möglichkeiten
Variantenfilme – Zwischen Multiperspektivität und Chaostheorie
ISBN 978-3-8382-0811-4

29 *Ralf A. Linder*
Zwischen Propaganda und Anti-Kriegsbotschaft:
Die Darstellung des Krieges im US-amerikanischen Spielfilm
als Indikator gesellschaftlichen Wandels
ISBN 978-3-8382-0750-6

30 *Jana Zündel*
An den Drehschrauben filmischer Spannung
Zeit und Raum bei Alfred Hitchcock.
Verzögerungen und Deadlines, klaustrophobische und expansive Räume
ISBN 978-3-8382-0940-1

31 *Seraina Winzeler*
Filme zwischen Spur und Ereignis
Erinnerung, Geschichte und ihre Sichtbarmachung im Found-Footage-Film
ISBN 978-3-8382-0414-7

32 *Tobias Dietrich*
Filme für den Eimer
Das Experimentalkino von Klaus Telscher
ISBN 978-3-8382-1094-0

33 *Silvana Mariani*
O Canto do Mar: Die Ästhetisierung von Realität?
Reflexionen über den Realismus bei Alberto Cavalcanti
ISBN 978-3-8382-1100-8

34 *Marius Kuhn*
Im weiten Feld der Zeit: Die filmischen Transformationen des Romans *Effi Briest*
ISBN 978-3-8382-1141-1

35 *Noemi Daugaard*
Grauenvolle Atmosphären: Tondesign und Farbgestaltung als affektive und
subjektivierende Stilmittel in THE SILENCE OF THE LAMBS
ISBN 978-3-8382-1190-9

Noemi Daugaard

GRAUENVOLLE ATMOSPHÄREN

Tondesign und Farbgestaltung als affektive und subjektivierende Stilmittel in THE SILENCE OF THE LAMBS

ibidem-Verlag
Stuttgart

Bibliografische Information der Deutschen Nationalbibliothek
Die Deutsche Nationalbibliothek verzeichnet diese Publikation in der Deutschen Nationalbibliografie; detaillierte bibliografische Daten sind im Internet über http://dnb.d-nb.de abrufbar.

Bibliographic information published by the Deutsche Nationalbibliothek
Die Deutsche Nationalbibliothek lists this publication in the Deutsche Nationalbibliografie; detailed bibliographic data are available in the Internet at http://dnb.d-nb.de.

∞

Gedruckt auf alterungsbeständigem, säurefreien Papier
Printed on acid-free paper

ISSN: 1866-3397

ISBN: 978-3-8382-1190-9

© *ibidem*-Verlag
Stuttgart 2018

Alle Rechte vorbehalten

Das Werk einschließlich aller seiner Teile ist urheberrechtlich geschützt. Jede Verwertung außerhalb der engen Grenzen des Urheberrechtsgesetzes ist ohne Zustimmung des Verlages unzulässig und strafbar. Dies gilt insbesondere für Vervielfältigungen, Übersetzungen, Mikroverfilmungen und elektronische Speicherformen sowie die Einspeicherung und Verarbeitung in elektronischen Systemen.

All rights reserved. No part of this publication may be reproduced, stored in or introduced into a retrieval system, or transmitted, in any form, or by any means (electronical, mechanical, photocopying, recording or otherwise) without the prior written permission of the publisher. Any person who does any unauthorized act in relation to this publication may be liable to criminal prosecution and civil claims for damages.

Printed in the EU

Inhaltsverzeichnis

1. **Einleitung** — 7
   1.1. Fragestellung und Hypothesen — 8
   1.2. Methodik und Filmauswahl — 9
   1.3. Aufbau — 9

2. **Der Psychothriller** — 11
   2.1. Ein Versuch der Genredefinition — 11
   2.2. Charakteristika — 14

3. **Filmische Atmosphären. Definition und Stand der Forschung** — 17

4. **Film, Subjektivierung und Affekt** — 21
   4.1. Film und Affekt — 21
   4.2 Subjektivierung. Allegiance und Alignment — 25

5. **Farbgestaltung und Tondesign zwischen Narration und Atmosphäre** — 29
   5.1. Film, Materialität und Wahrnehmung — 29
   5.2. Atmosphärische Dimensionen der Farbe. Harmonien, Kontraste und Haptik — 34
   5.3. Atmosphärische Dimensionen des Tons. Sensorische Aspekte, Materialien und Klanglichkeit — 41

6. **Analyse. THE SILENCE OF THE LAMBS (Jonathan Demme, USA 1991)** — 47
   6.1. Allgemeines zum Film — 47
   6.2. Analyse von Schlüsselsequenzen — 50
   6.2.1. THE SILENCE OF THE LAMBS. Szene 1: Das erste Treffen (08:33-17:42) — 53
   6.2.2. THE SILENCE OF THE LAMBS. Szene 2: Hannibal Lecters Flucht (01:11:10-01:15:10) — 62
   6.2.3. THE SILENCE OF THE LAMBS. Szene 3: Clarice Starling findet Buffalo Bill (01:35:22-01:38:47) — 68
   6.3. Gemeinsamkeiten und übergreifende Funktionen von Tondesign und Farbgestaltung — 75

7. Charakterisierung der filmischen Atmosphären im Psychothriller am Beispiel von THE SILENCE OF THE LAMBS   83

8. Schlussbetrachtungen und Fazit   93

9. Bibliografie   97

10. Filmografie   103

11. Abbildungsverzeichnis   103

Anhang

Sequenzprotokolle

1. Einleitung

Die Filmgattung des Psychothrillers zeichnet sich insbesondere durch den *Thrill* aus. Es stellt sich jedoch die Frage, was diese spezielle Stimmung ausmacht und wie sie den Zuschauern vermittelt wird. Damit verbunden ist die Problematik der Wahrnehmung von filmischen Inhalten und deren Wirkung auf den Rezipienten. Hermann Kappelhoff argumentiert, Filme entwerfen

> [...] spezifische sinnliche Wahrnehmungsverhältnisse in den Modi unserer Alltagswahrnehmung. Sie präsentieren eine Welt, die wir anschauen wie unsere alltägliche Welt, die aber anderen Gesetzen des Wahrnehmens, einer anderen Sinnlichkeit gehorcht.
> (Kappelhoff 2007: 306)

Es ist die Thematik dieser ‚anderen Sinnlichkeit' die dieser Untersuchung als Ausgangspunkt dient. Um dieser Problematik nachzugehen, erweist sich vor allem das Forschungsfeld, das sich mit der filmischen Atmosphäre, das heißt, mit der grundlegenden und vorherrschenden Stimmung eines Films befasst, als fruchtbar. Die filmische Atmosphäre setzt sich aus unzähligen narrativen, dramaturgischen und ästhetisch-stilistischen Elementen zusammen. Nur ein Bruchteil davon wird während der Filmrezeption bewusst wahrgenommen, jedoch trägt jedes dieser Elemente auf bedeutsame Weise dazu bei, die Atmosphäre eines Films zu gestalten und die Wahrnehmung seitens der Zuschauenden zu beeinflussen. In den letzten Jahren haben sich die Publikationen zur Atmosphäre im Film zwar vermehrt,[1] jedoch ist dies noch immer ein relativ unbearbeitetes Forschungsfeld.

In dieser Untersuchung werde ich mich auf nur zwei der unzähligen Bestandteile der filmischen Atmosphäre konzentrieren: Farbgestaltung und Tondesign. In der klassischen, stark inhaltlich ausgerichteten Filmanalyse werden diese beiden Gestaltungsmittel oftmals auf narrative und dramaturgische Funktionen reduziert. Dabei wird das Argument verfolgt, dass sowohl die Farbgestaltung als auch das Sounddesign die Funktion haben, die Narration zu unterstützen und Bedeutungen mitzutragen. Obschon dies sicherlich bei einem Großteil der Filmproduktionen der Fall sein mag, möchte ich im Folgenden aufzeigen, dass Farbe und Ton unabhängig davon auch weitere, nicht narrativ oder dramaturgisch verankerte Funktionen inne-

---

[1] Siehe zum Beispiel Zorica Vilotics Studie *Atmosphäre im Spielfilm. Exemplarische Analyse der Evokation von Angst im Horrorfilm* (2013) oder der Sammelband *Filmische Atmosphären*, herausgegeben von Philipp Brunner, Jörg Schweinitz und Margrit Tröhler (2013).

haben. In dieser Studie werde ich mich dabei auf zwei nicht narrative Funktionen konzentrieren, welche sich innerhalb des breiteren Kontexts der filmischen Atmosphäre abspielen, nämlich erstens auf die Erzeugung von filmischen Affekten, automatische und unbewusste körperlichen Reaktionen auf filmische Stimuli, und zweitens, damit verbunden, auf die Subjektivierung der Perspektive.

1.1. Fragestellung und Hypothesen

Um eine strukturierte und nützliche Annäherung an die oben genannten Themen zu ermöglichen, konzentriert sich die Analyse auf sehr wenige Aspekte und einige zentrale Fragestellungen. Dementsprechend gibt es durchaus noch zahlreiche weitere Fragen, die in Verbindung mit diesem Themenfeld zu beantworten wären. Für den Fokus dieser Studie kreisen meine Untersuchungen jedoch um die Frage, inwiefern filmisch geschaffene Atmosphären affektive und subjektivierende Reaktionen bei den Zuschauern auslösen und somit die spezifische Stimmung des Psychothrillers entscheidend beeinflussen. Das zentrale Interesse ist dabei, herauszuarbeiten, wie ein gewisses Genre oder eine Filmgattung, in diesem Fall der Psychothriller, den Rezipienten in seinen Bann zieht und eine spezifische Stimmung erzeugt, die den Zuschauer nachhaltig in seinen Erwartungen, in seiner Wahrnehmung des Films und in seinem Filmschauen beeinflusst. Damit verbunden ist die Frage, welche Gemeinsamkeiten und übergreifenden Funktionsweisen sich in diesem Mechanismus zwischen Farbgestaltung und Tondesign feststellen lassen. Zuletzt wird auch die Frage danach, wie sich diese filmischen Atmosphären charakterisieren lassen und welche affektiven Reaktionen sie bei den Zuschauenden auslösen, beantwortet werden.

Eine grundlegende Annahme dieser Analyse ist also, dass filmische Atmosphären sich zwar durchaus auf einer stilistischen Ebene abspielen, jedoch auch signifikante Auswirkungen auf die Filmrezeption und -wahrnehmung seitens der Rezipienten haben. Eine weitere Annahme, die ich zu Beginn erwähnen möchte, ist, dass Farbgestaltung und Tondesign nicht nur zwei voneinander unabhängige filmische Stilmittel sind, sondern, dass diese zwei Ebenen der ästhetischen Erfahrung auch gemeinsame Funktionen innehaben. Damit ist gemeint, dass Farbgestaltung und Tondesign in gewissen Kontexten zusammenarbeiten, um eine bestimmte

Wirkung zu erzielen. Meine These ist, dass dies vor allem in Zusammenhang mit der Erschaffung filmischer Atmosphären der Fall ist.

1.2. Methodik und Filmauswahl

Der methodische und analytische Ansatz der vorliegenden Abhandlung lässt sich als grundsätzlich phänomenologisch beschreiben und konzentriert sich auf eine analytische Darstellung der filmischen Gestaltungsmittel Farbgestaltung und Sounddesign. Dabei stehen nicht die narrativen Funktionen dieser beiden Parameter im Zentrum, sondern deren atmosphärische, affektive und subjektivierende Verwendungen, welche durch eine dichte Beschreibung und Analyse herausgearbeitet werden.

Da das Themenfeld dieser Untersuchung sehr breit angelegt ist und verschiedene Aspekte der Filmwissenschaft vereint, ist auch die Auswahl der Literatur sehr vielfältig. Nichtsdestotrotz ist es das Ziel, eine Synthese der verschiedenen Herangehensweisen und Denkansätze zu generieren. Im Rahmen dieser Studie wird, dementsprechend, auf Literatur zum Thema des Psychothrillers, zu filmischen Atmosphären, zu Farbe und Ton im Film, zu filmischen Affekten, Film und Subjektivierung und zur Materialität des Films zurückgegriffen.

Für die Analyse habe ich den Film THE SILENCE OF THE LAMBS von Jonathan Demme (USA 1990) ausgewählt. Die sehr erfolgreiche Verfilmung des Romans von Thomas Harris markiert für Inga Golde (2002: 128) einen signifikanten Wechsel in der narrativen Struktur des Psychothrillers und lässt sich im Allgemeinen als typischer Psychothriller charakterisieren. Außerdem zeichnet sich THE SILENCE OF THE LAMBS durch sehr präzise und durchkomponierte Sound- und Farbkulissen aus, wie auch durch die Erschaffung besonders bedrückender und beängstigender filmischer Atmosphären.

1.3. Aufbau

Der erste Teil meiner Untersuchung hat das Ziel, eine präzise Definition des Psychothrillers als Genre herauszuarbeiten, wobei die spezifischen Merkmale des Genres ausgeführt werden. Außerdem werden in diesem Kapitel wichtige narrative und dramaturgische Konventionen und Stereotype des Psychothrillers zusammengefasst, sowie eine Diskussion der spezifischen Atmosphäre des Psychothrillers angestrebt. Dieser Teil der Studie stellt also einerseits eine Einführung in das Genre des Psychothrillers dar, dient andererseits aber auch als Grundlage für die nachfolgende Analyse. Im darauffolgenden Kapitel wende ich mich der filmischen Atmosphäre zu. Mit Hilfe von philosophischen und filmwissenschaftlichen Ansätzen werde ich mich einer Definition der filmischen Atmosphäre annähern, wie sie im weiteren Verlauf der Analyse angewendet wird.

Danach folgt ein kurzer Überblick über Theorien zu Affekt und Affektlenkung im Film und zu filmischer Subjektivierung. Dabei wird das Augenmerk darauf liegen, diese zwei Konzepte mit der vorhergegangenen Definition von filmischer Atmosphäre zu verbinden und somit die theoretischen Grundlagen der nachfolgenden Ausführungen festzuhalten. Anschließend findet ein kurzer Exkurs zur Materialität des Films und deren Signifikanz für die Wahrnehmung filmischer Inhalte und atmosphärischer Qualitäten statt. In einem letzten Schritt vor der Filmanalyse wird zusätzlich auf die filmischen Stilmittel Farbgestaltung und Tondesign eingegangen. In beiden Teilen liegt der Fokus auf den sensorischen, haptischen, taktilen und klanglichen Qualitäten der zwei Gestaltungsmittel.

Den Kern dieses Beitrags bildet wiederum die Analyse. Aufbauend auf den zuvor herausgearbeiteten Konzepten und theoretischen Grundlagen werden mittels einer dichten Beschreibung und Untersuchung einzelner Sequenzen die anfänglichen Fragestellungen und Thesen hinterfragt. In einem weiteren Analyseschritt werde ich mich schlussendlich den übergreifenden Funktionen von Filmfarbe und Tongestaltung zuwenden. Im letzten Kapitel der Analyse wird verstärkt auf die filmische Atmosphäre des Psychothrillers eingegangen, indem die Resultate der Analyse mit den anfänglichen Überlegungen zu Genre und den Charakteristika und Stereotypen des Psychothrillers zusammengeführt werden. Damit wird eine Charakterisierung der filmischen Atmosphäre des Psychothrillers anhand eines konkreten Beispiels angestrebt.

2. Der Psychothriller

Den Psychothriller als Genre zu definieren erweist sich als nicht unkompliziertes Unterfangen. Die Kritiker sind sich uneins bezüglich der Definition und so betont Virginia Aguado (2002: 163), dass es einige sogar gänzlich vermeiden, vom Thriller als Genre zu sprechen. Im folgenden Kapitel wird jedoch – ohne sich in genretheoretische Debatten verstricken zu wollen – eine kurze Definition des Psychothrillers als Filmgenre angestrebt, die im Rahmen der vorliegenden Arbeit hilfreich ist und die Analyse unterstützt.

2.1. Ein Versuch der Genredefinition

Eine Definition des Psychothrillers muss zwangsläufig von einer Definition des Thrillers ausgehen. Aguado (2002: 163) betont, dass der Thriller, im Gegensatz zu anderen Genres, wie dem Western oder der Komödie, in der Filmwissenschaft oftmals beiseitegelassen wird und es demzufolge nur wenige filmwissenschaftliche Studien diesbezüglich gibt. Die Erklärung dafür ist einerseits, dass das Filmgenre Thriller viele verschiedene Unterkategorien beinhaltet und vereint, wie unter anderem den Polizeithriller, den Erotikthriller, den Mystery-Thriller, den Politthriller, den Science-Fiction-Thriller oder den Psychothriller. Alle diese Filmgattungen sind relativ unterschiedlich und zeichnen sich durch spezifische Handlungsabläufe, Stereotypen und Figuren aus. Als einziges gemeinsames Element lässt sich der *Thrill* erwähnen, welcher als Grundstimmung dieser Gattungen gelten kann.[2] Inga Golde (2002: 15) fügt an, ein weiteres Problem der Genredefinition sei, dass der Thriller in all seinen Varianten „über keine unverwechselbaren Rituale [verfügt]". Dadurch ist das Genre viel weniger klar und eindeutig definiert als beispielsweise der Western, ein Genre, das auf verschiedenen Ebenen sehr genauen Mustern folgt. Was jedoch auf ganz grundsätzlicher Weise die verschiedenen Subkategorien des Thrillers zusammenhalte, sei, so Golde (2002: 15), dass sie „sich vordergründig mit einem Verbrechen beschäftigen und dabei Spannung erzeugen wollen".

---

[2] Eine gänzlich passende und zufriedenstellende Übersetzung des englischen Begriffs *Thrill* ins Deutsche existiert unglücklicherweise nicht. Aus diesem Grund wird im weiteren Verlauf des Buches mehrheitlich auf den englischen Begriff zurückgegriffen.

Es ist dieser Begriff der Spannung, der einen ersten wichtigen Hinweis zur Natur des Thrillers liefert, denn es handelt sich hierbei um ein Filmgenre, das auf die Gefühle der Zuschauer abzielt. Die zentralen Gefühle oder die zentralen Stimmungen sind dabei die des Schauerns und des Nervenkitzels, die im Rezipienten aufgrund der Ereignisse im Film und der übergreifenden filmischen Atmosphäre erzeugt werden. Dementsprechend wird für die Definition des Thrillers eine Art der Genretheorie benötigt, welche die Effekte dieser Filme auf die Zuschauenden in ihrer Zuordnung berücksichtigt. Aus diesem Grund bestehen Filmwissenschaftler wie Tom Ryall (1998: 330-331) darauf, dass gewisse Genres wie der Horrorfilm, die Komödie oder der Thriller nicht anhand ikonografischer Charakteristika oder des Settings klassifiziert werden sollen, sondern anhand ihrer Effekte auf die Zuschauenden, genauer gesagt, aufgrund der affektiven und somatischen Reaktionen, die sie in ihnen hervorrufen. Rick Altman (1984) schlägt eine Herangehensweise vor, bei der zwei komplementäre Kategorien ins Zentrum gerückt werden: die syntaktische und die semantische Ebene. Der semantische Zugang berücksichtigt gemeinsame und wiederkehrende Elemente wie Schauplätze, Figuren und Kostüme, während die syntaktische Ebene sich auf die tieferliegenden Strukturen der Filme bezieht (vgl. Altman 1984: 10). Wenn nun die starke Affektkomponente des Thrillers als syntaktische Struktur begriffen wird, ermöglicht sich eine Definition, welche sowohl einzelne semantische Elemente als auch die affektiven Elemente zu berücksichtigen vermag.

Martin Rubin (1999: 4) hingegen versteht den Thriller als ein Metagenre, das viele Unterkategorien versammelt:

> One cannot consider the thriller a genre in the same way that one considers, say, the western or science fiction a genre. The range of stories that have been called thrillers is simply too broad. [...] The concept of ‚thriller' falls somewhere between a genre proper and a descriptive quality that is attached to other, more clearly defined genres – such as spy thriller, detective thriller, horror thriller. There is possibly no such thing as a pure, freestanding ‚thriller thriller'.

Das impliziert auch, dass immer präzisiert werden muss, um welche Art von Thriller es sich handelt, da das Wort Thriller alleine nicht ausreicht, um ein genaues Bild des Filmgenres zu vermitteln. Als vereinendes Merkmal sieht Rubin (vgl. 1999: 5), dass der Thriller weniger auf intellektuelle Reaktionen oder emotional schwerwiegende Gefühle abzielt, wie vielleicht das Drama, sondern auf instinktive Bauchgefühle, das heißt auf psychosomatische Reaktionen seitens der Zuschauenden, welche auch im Fokus der vorliegenden Untersuchung stehen. Zusammenfassend kann festgehalten werden, dass der Thriller ein Metagenre ist, das verschiedene Subgenres zusammenfasst. Was diese Subgenres zusammenhält und als Thriller qualifiziert, ist, dass sie nicht nur mit Spannungserzeugung arbeiten, sondern auch großen Wert legen auf die Erweckung von instinktiven, somatischen und affektiven Reaktionen seitens der Rezipienten und dabei darauf abzielen, deren emotionale Stabilität herauszufordern.

Der Psychothriller ist also in erster Linie ein Subgenre des Thrillers und zeichnet sich demzufolge dadurch aus, dass er eine bestimmte Stimmung erzeugt und die Zuschauer dahingehend manipuliert, dass sie instinktiv und affektiv auf die Filminhalte reagieren, seien diese narrativer oder atmosphärischer Natur. Was den Psychothriller von anderen Thriller-Arten unterscheidet, ist die Präsenz einer Täterfigur, welche als ‚Psychopath' bezeichnet wird, im Sinne eines Kriminellen, dessen Handlungen sich auf psychologische Beweggründe zurückführen lassen. Anders als im klassischen Kriminalfilm steht dabei nicht die Frage nach der Verbrechensaufklärung im Zentrum, sondern nach den psychologischen Mechanismen, die zu der kriminellen Tat geführt haben (vgl. Rubin 1999: 203). Das bedeutet jedoch nicht, dass die Verbrechensaufklärung nicht auch Teil der Narration ist, sondern, dass sie nicht so zentral ist wie beispielsweise in einem Detektivfilm. Der Psychothriller interessiert sich also für die Täterfigur und aus diesem Grund wird deren Identität schon sehr früh im Verlauf des Films enthüllt und charakterisiert. Sonja Heinrichs (2010: 60) betont allerdings, dass es sich dabei oft um Amateurpsychologie und nicht um eine wissenschaftliche Analyse der Persönlichkeit des Täters handelt und, dass diese psychologischen Erklärungen vor allem die Funktion hätten, den Zuschauer zu beruhigen und von der Täterfigur zu distanzieren. Parallel dazu muss auch festgehalten werden, dass der Begriff ‚Psychopath', anders als in der Psychiatrie, in Hollywood wie im Alltagsleben eine wertende und negative Deutung erfahren hat und oftmals fälschlicherweise mit dem Begriff ‚Soziopath' gleichgesetzt wird (vgl. Golde 2002: 7).

2.2. Charakteristika

Innerhalb der Filmgattung Psychothriller lässt sich, zusätzlich zu den bereits erwähnten, eine ganze Reihe weiterer Merkmale, Charakteristika und Stereotype festhalten. Dies bestätigt auch die Spezifität des (Sub-)Genres und legitimiert somit den Anspruch dieser Abhandlung, den Psychothriller als eigenständiges Genre zu betrachten.

In ihrer Studie *Der Blick in den Psychopathen. Struktur und Wandel im Hollywood-Psychothriller* geht Inga Golde (2002: 50, 87) davon aus, dass es zwei Arten von Psychothrillern gibt, nämlich eine, die die Vergangenheit in den Film und in die Charakterisierung des Täters miteinbezieht und eine, in der die Vergangenheit ausgegrenzt wird und der Fokus auf der Gegenwart liegt. Als Beispiel für die erste Variante kann Michael Powells PEEPING TOM (GB 1960) genannt werden. Im selben Jahr wie PSYCHO (Alfred Hitchcock, USA 1960) erschienen, der meistens als erster Psychothriller überhaupt bezeichnet wird, wurde dieser Film schon vor seiner Premiere von der Presse zerrissen und sorgte für einen regelrechten Skandal.[3] Aus diesem Grund ist PEEPING TOM weit weniger bekannt als PSYCHO. Nichtsdestotrotz lässt er sich zweifelsfrei ebenfalls als Psychothriller bezeichnen. In diesem Film wird wiederholt argumentiert, dass die Taten des skopophilen Mörders Mark auf seine Kindheit zurückzuführen sind, während der er über Jahre hinweg von seinem Vater als Testkaninchen für dessen psychologische Experimente missbraucht wurde. Ein Großteil der Handlung in PEEPING TOM fokussiert sich auf die Figur des Täters, welche auch die Hauptfigur des Films ist. Die zweite Kategorie konzentriert sich hingegen auf die Gegenwart der Narration, ohne dass die Taten des Mörders biografisch oder psychisch motiviert würden (vgl. Golde 2002: 87). Als Beispiel für diese Kategorie lässt sich David Finchers SEVEN (USA 1995) nennen. Obwohl die Morde des Serienmörders hier den sieben Todsünden folgen, wird in diesem Film nicht versucht, eine psychologische Erklärung basierend auf der Vergangenheit des Mörders zu liefern. Die meisten Psychothriller lassen sich der ersten Kategorie zuteilen und widmen der Charakterisierung des Täters und seiner Vergangenheit entsprechend viel Zeit. Als weiteres Merkmal des Genres erwähnt

---

[3] Als Grund dafür lässt sich in erster Linie nennen, dass der Film die krankhafte Skopophilie des Täters mit der Schaulust der Kinozuschauer in Verbindung bringt und somit eine Komplizenschaft der Rezipienten impliziert. Genauere Ausführungen dazu finden sich unter anderem in Elisabeth Bronfen (1996) und William Johnson (1980).

Golde (1999: 19-20), dass der amerikanische Psychothriller ohne fantastische, übernatürliche, utopische oder futuristische Elemente auskommt und als Motiv oftmals die Verbindung von Sexualität und Gewalt aufweist.

Sonja Heinrichs (2010) führt in ihrem Werk *Erschreckende Augenblicke. Die Dramaturgie des Psychothrillers* gleich mehrere charakteristische Eigenschaften des Psychothrillers auf. So argumentiert sie, dass der Psychothriller eine bestimmte dramaturgische Struktur aufweist, die sich in den meisten Vertretern dieses Genres wiederfinden lässt (vgl. 2010: 122 ff.).[4] Des Weiteren fügt Heinrichs (2010: 45) hinzu: „[e]in Hauptmerkmal der Handlung ist der Gebrauch von Actionelementen. Während der Protagonist in der Detektivgeschichte analytisch vorgeht, muss er im Thriller aktiv handeln". Dies lässt sich auch am Beispielfilm THE SILENCE OF THE LAMBS ausführen. Um den Serienmörder Buffalo Bill zur Strecke zu bringen und das Leben seines letzten Entführungsopfers zu retten, muss FBI-Anwärterin Clarice Starling schnell handeln. Infolgedessen geht sie den Hinweisen des verurteilten Kannibalen Dr. Hannibal Lecter nach und begibt sich in mehrere gefährliche Situationen, die schlussendlich darin kulminieren, dass sie, mehr oder weniger zufällig, alleine vor der Tür des gesuchten Serienmörders steht. Heinrichs (2010: 45-46) erwähnt zwei weitere Charakteristika des Psychothrillers, nämlich die strikt chronologische Abfolge der Narration und eine sozialkritische Komponente. Dabei folge der Psychothriller einem seiner Vorgänger, nämlich dem Film noir (vgl. 2010: 60). Damit verbindet Heinrichs (2010: 46) auch, dass der Psychothriller oftmals in Großstädten angesiedelt wird, die hier, ähnlich wie im Film noir, eine gefährliche und kriminelle Energie ausstrahlen und ein düsteres Gesellschaftsbild vermitteln sollen. Was die typischen Hauptfiguren des Psychothrillers betrifft, lässt sich festhalten, dass es sich dabei meistens um einen Serienmörder mit psychischen Problemen und um einen Vertreter oder eine Vertreterin der ‚rechtschaffenen' und ‚moralischen' Gesellschaft handelt. Dabei lassen sich verschiedene Variationen bemerken. Im klassischen Psychothriller PSYCHO werden die ‚rechtschaffenen' Gesellschaftsmitglieder von zwei zivilen Personen, die also weder Polizisten noch Agenten sind, vertreten. In RED DRAGON (Brett Ratner, USA 2002) ist der Vertreter der

---

[4] Da hier der Fokus ein anderer ist, wird darauf verzichtet, die dramaturgische Struktur, die Heinrichs dem Psychothriller zuteilt, wiederzugeben. Nichtsdestotrotz scheint es wichtig zu erwähnen, dass sich eine bestimmte wiederkehrende narrative Struktur des Psychothrillers herausarbeiten lässt.

Gerechtigkeit ein ehemaliger FBI-Agent, der für diesen Fall in den Dienst zurückkehrt, und in THE SILENCE OF THE LAMBS wird diese Rolle von der FBI-Anwärterin Clarice Starling besetzt. In diesem Sinne gibt es keine Regeln, die die Anzahl, das Geschlecht oder den Beruf der ‚rechtschaffenen' Hauptpersonen bestimmen, jedoch, so Heinrichs (2010: 70), lassen sich bei diesen oftmals psychische Hemmfaktoren finden, die die Aufklärung der Morde erschweren: „Auch die Identifikationsfigur leidet an ihrer Vergangenheit. Genau wie ihr Gegner muss sie sich verdrängten Ängsten stellen, um den Antagonisten schließlich fassen zu können".[5] Auch in THE SILENCE OF THE LAMBS leidet Clarice Starling seit ihrer Kindheit an ihrem Unvermögen, die Unschuldigen zu retten und wird davon regelrecht getrieben.

Die spezifischen atmosphärischen Qualitäten des Psychothrillers orientieren sich zu einem großen Teil an den Affekten, die im Rezipienten ausgelöst werden sollen. Martin Rubin (1999: 5) klassifiziert diese wie bereits erwähnt als instinktive Bauchgefühle. Als weitere Kennzeichen erwähnt Rubin (1999: 6) auch eine gewisse Ambivalenz der Zuschauergefühle, ein Hin- und Hergerissensein zwischen Unbehagen und Vergnügen, Masochismus und Sadismus, Identifikation und Distanziertheit und dass diese Spannung wie auch die Unterwanderung der emotionalen Stabilität der Rezipienten einen großen Teil der Anziehungskraft des Thrillers ausmache. Sonja Heinrichs (2010: 105) fügt hinzu: „Genau wie die Erotik ist der ‚Thrill' eine sinnliche Erfahrung, die uns erregt und aus der wir Lustgewinn schöpfen. Auch der ‚Thrill' spielt, wie die Erotik, mit unserem Begehren, Grenzsituationen zu erfahren". Daraus lässt sich schließen, dass die Atmosphäre des Psychothrillers einerseits bedrohlich und angstauslösend wirken kann, andererseits aber genau dadurch zum Lustgewinn seitens der Zuschauenden führt. Weitere Überlegungen zur Atmosphäre im Psychothriller folgen sowohl während der Analyse des Filmbeispiels (Kapitel 6) als auch in Kapitel 7 *Charakterisierung der filmischen Atmosphären im Psychothriller am Beispiel von* THE SILENCE OF THE LAMBS. Das nachfolgende Kapitel widmet sich jedoch zunächst der filmischen Atmosphäre im Allgemeinen.

---

[5] Der hier von Heinrichs verwendete Begriff ‚Identifikationsfigur' wird als problematisch angesehen und im weiteren Verlauf dieser Studie vermieden. Bezüglich des Themas der Identifikation, Empathie und Subjektivierung folgen in Kapitel *4. Film, Subjektivierung und Affekt* genauere Ausführungen.

3. Filmische Atmosphären. Definition und Stand der Forschung

Der Begriff ‚Atmosphäre' hat in seiner traditionellen Bedeutung keine Verbindung mit Film oder Kunst. Wie Hans J. Wulff (2012: 109 [kursiv im Original]) erklärt, „stammt [der Begriff ‚Atmosphäre'] aus dem Griechischen (von *atmós* = Dampf, Dunst, Hauch, und *sphaira* = Kugel) und bezeichnet traditionellerweise die Gashülle, von der ein Himmelskörper umgeben ist". In Bezug auf den Film oder die Kunst im Allgemeinen ist diese Definition nicht besonders hilfreich. Andreas Rauh (2012: 195) schafft Abhilfe, indem er schreibt: „Bekannt ist die Atmosphäre der Erde, wortwörtlich deren ‚Dunstkugel', aus dem meteorologischen Kontext. Daraus konserviert der Atmosphärenbegriff vor allem zwei Eigenschaften: das allseitig Umfangende und die Einwirkung von etwas". Auf die Kunst wird der Begriff der Atmosphäre demnach vor allem bezüglich einer umfangenden Qualität angewendet, die sich im gesamten künstlerischen Objekt, im diesem Fall im gesamten Film, wiederfinden lässt. Als Synonym für Atmosphäre wird dementsprechend oft auch auf die Begriffe ‚Stimmung' oder *Mood* zurückgegriffen (vgl. Smith 1999: 104). Einwirkend ist dabei sowohl das Objekt als auch das empfangende oder wahrnehmende Subjekt, so schreibt der Philosoph Gernot Böhme (1995: 34), die Atmosphäre sei „[d]ie gemeinsame Wirklichkeit des Wahrnehmenden und des Wahrgenommenen". Im phänomenologischen Sinne bedeutet dies, Atmosphären existieren nicht einfach, sondern benötigen ein wahrnehmendes Subjekt, um zu ihrer Wirkung zu kommen. Das körperliche Subjekt und das Objekt, in diesem Fall der Film oder die filmischen Elemente, konstituieren die Atmosphäre also gemeinsam über die Wahrnehmung des anderen. In einem späteren Text führt Böhme (2001: 54 [kursiv im Original]) aus: „Atmosphären sind ja offenbar weder Zustände des Subjektes noch Eigenschaften des Objektes. [...] Das heißt also, Atmosphären sind etwas *zwischen* Subjekt und Objekt. Sie sind nicht etwas Relationales, sondern die Relation selbst". Dies impliziert natürlich, dass Atmosphäre durchaus auch von der individuellen Subjektivität des Betrachters abhängig ist und demzufolge die Wahrnehmung der Atmosphäre stark variieren kann. Hans J. Wulff (2012: 119) relativiert dies jedoch und argumentiert, dass Atmosphären zwar durchaus subjektiv wahrgenommen werden, allerdings auf einem erlernten, kulturabhängigen Repertoire basieren und dass die intersubjektive Wahrnehmung von Atmosphären daher nicht allzu stark variiert. Das wahrnehmende Subjekt nimmt die Atmosphäre dabei wahr, indem es affektiv von ihr berührt wird (vgl. 2012: 46). Und es ist auch nur durch die subjektive Wahrnehmung möglich, dass eine Atmosphäre charakterisiert werden kann (vgl. 2010: 52). Böhme (2001: 54) betont, dass der Charakter einer Atmosphäre sich dadurch auszeichnet, welche affektiven Reaktionen im wahrnehmenden Subjekt ausgelöst werden, was heißt, dass jegliche Untersuchung der Atmosphäre von einem subjektiven und affektiven Standpunkt aus geführt werden muss, ausgehend von der individuellen somatischen Wahrnehmung.

Gernot Böhme (2001: 46) unterscheidet außerdem zwei Arten der Wahrnehmung von Atmosphäre: Ingression und Diskrepanz. Er beschreibt: „Als Ingressionserfahrungen will ich solche Wahrnehmungen bezeichnen, bei denen man ein Etwas wahrnimmt, indem man in es hineingerät. Typisch dafür ist das Betreten eines Raumes, in dem eine gewisse Atmosphäre herrscht" (2001: 46). Als Diskrepanz bezeichnet Böhme (2001: 47) hingegen die Wahrnehmungserfahrung einer Atmosphäre, die von der Stimmung des Wahrnehmenden divergiert. Als Beispiel hierfür lässt sich folgende Situation nennen: An einer ausgelassenen und fröhlichen Party hat ein Paar heftigen Streit. Die Stimmung des Paares (wütend, enttäuscht, traurig) unterscheidet sich hier klar von der sie umgebenden Stimmung (fröhlich, festlich, ausgelassen). Böhme (2001: 48) betont, dass diese Diskrepanz auf jeden Fall vom wahrnehmenden Subjekt wahrgenommen wird und allenfalls auch dessen Stimmung beeinflusst. Auf den Film angewendet, könnte man sagen, dass die Atmosphäre innerhalb des Films durch eine Ingressionserfahrung wahrgenommen wird, wobei sich die Stimmung von Szene zu Szene ändern kann. Darüber hinaus besteht auch die Möglichkeit der Diskrepanz zwischen der grundlegenden Atmosphäre des Films und der filmunabhängigen Stimmung des Zuschauers, wie beim Schauen einer Komödie bei Liebeskummer.

Daraus lässt sich schließen, dass die Atmosphäre eines Films bewusst konstruiert wird und dem Filmzuschauer durchgängig etwas mitteilt. Dabei lässt sich vor allem eine zentrale Funktion festhalten, nämlich die Vermittlung einer bestimmten Stimmung und der damit verbundenen Emotionen und Affekte.[6] Hans J.

---

[6] Die Begriffe ‚Emotion' und ‚Affekt' werden im nächsten Kapitel genauer unterschieden. An dieser Stelle sei jedoch erwähnt, dass die vorliegende Untersuchung ‚Emotion' als kognitiven und bewussten Gemütszustand wie Angst, Freude oder Trauer versteht, der über längere Zeit andauert. ‚Affekt' wird hingegen als unbewusste, automatische und zeitlich beschränkte somatische Reaktion wie Schrecken oder Ekel verstanden.

Wulff (2012: 110) schreibt: „Atmosphären sind also Gefühlsqualitäten, die bewusst für den Adressaten gestaltet werden, so dass dieser affektiv-emotional in eine besondere Wahrnehmung des dargestellten Gegenstandes hineingeführt wird". Greg M. Smith (1999: 113) betont, dass filmische Atmosphären (Smith nennt diese *Moods*) die Funktion haben, den Zuschauer darauf einzustimmen, was sich demnächst auf emotionaler Ebene im Film abspielen wird. Wenn die Atmosphäre einer Szene von Beginn an düster und bedrohlich ist, ist der Zuschauer darauf eingestellt, dass in dieser Szene etwas passieren wird, das ihn erschrecken oder schockieren könnte, genauer, dass ein affektiver Höhepunkt stattfinden wird. Laut Smith (1999: 113) besteht die emotionale Struktur eines Films einerseits aus solchen *Moods*, welche etwas länger andauern können, und andererseits aus kürzeren Momenten hoher affektiver Intensität. Viele Filmgattungen, wie zum Beispiel der Horrorfilm, funktionieren zu einem Großteil anhand dieser Struktur, während andere, wie der Mock-Horror, damit spielen und durch *Moods* falsche Erwartungen erwecken können. Eine weitere Funktion der filmischen Atmosphäre beschreibt Daniel Wiegand, der deren Wirkung mit der Konstruktion einer übergreifenden Stimmung in Literatur oder Theater vergleicht:

> Stimmung figuriert hier als Möglichkeit, einem längeren Werk, das möglicherweise aus recht disparaten Einzelteilen besteht, abgesehen von einer schlüssigen und zusammenhängenden Handlung auch eine Art *gefühlsmäßig oder sinnlich wahrnehmbaren Zusammenhalt* zu geben. (Wiegand 2012: 197 [kursiv im Original])

Filmische Atmosphären beeinflussen also den Zuschauer maßgeblich in der affektiven Rezeption von Filminhalten und in der Wahrnehmung der filmischen Einheit. Zorica Vilotic (2013: 14) besteht jedoch darauf, dass der Zuschauer nicht nur der passive Empfänger der Atmosphäre ist, sondern zu einem großen Teil auch an der Konstruktion der Atmosphären und deren Wirkung beteiligt ist. Einerseits verweist dies auf Zuschauertheorien im Sinne Bordwells (1985: 30), die für einen aktiven Zuschauer plädieren, andererseits evoziert diese Aussage wiederum phänomenologische Theorien der Wahrnehmung. Als eine Schwierigkeit erweist sich dabei, dass das Medium Film sich in wesentlichen Zügen von unserer Alltagswelt und unserer alltäglichen Wahrnehmung unterscheidet. So basiert ein Großteil unserer Wahrnehmung im alltäglichen Leben nicht nur auf visuellen und akustischen Informationen, sondern auch auf dem Beitrag der anderen Sinne (Geruch-, Tast- und Geschmackssinn), sowie auf unserer eigenen Präsenz im Raum (vgl. Vilotic 2013: 20). Folglich muss die filmische Atmosphäre nicht nur die Affekte der Zuschauer ansprechen, sondern auch ihre fehlenden Sinne kompensieren (vgl. Vilotic 2013: 20). Zorica Vilotic (2013: 22) führt aus, dass der Film „dazu in der Lage [ist], durch akustische und visuelle Elemente die fehlenden Sinne wie Geruchs- oder Geschmackssinn zu kompensieren. Voraussetzung für die Integration dieser Elemente ist die zielgerichtete Zusammenstellung von Bildelementen". Zudem erweisen sich in diesem Kontext auch die sensorischen Qualitäten von Farbgestaltung und Tondesign als bedeutsam. Auf diese wird in den Kapiteln 5.2 und 5.3 weiter eingegangen. Im Allgemeinen unterstreicht Vilotic die Wichtigkeit von Tondesign und Farbgestaltung für die Erschaffung filmischer Atmosphären, obwohl sie selbst ihre Analyse trotzdem auf der narrativen Ebene des Films ansiedelt und die visuellen und akustischen Mittel eher als Unterstützung der Narration versteht. Den Mechanismus der atmosphärischen Wirkung auf den Zuschauer beschreibt Margrit Tröhler in ihrer Einleitung zum Band *Filmische Atmosphären* (2012) wie folgt:

> Von der audiovisuellen Bewegung und vom narrativen Fluss erfasst, entfalten sich synästhetische Wirkungen, die kaum kontrollierbar sind: Nicht nur setzen sie das einzelne Objekt, die einzelne Figur immer in Beziehung zu den Anderen und fördern die Wahrnehmung einer relationalen Subjektivität auf Seiten der Zuschauer; die spürbare kinematografische Präsenz der Bilder provoziert auch die Wahrnehmung der eigenen Anwesenheit und erzeugt eine diffuse Befindlichkeit. Diese färbt unsere Haltung zum Film positiv oder negativ und beeinflusst das Filmerlebnis emotional, vielleicht auch moralisch. (Tröhler 2012: 17)[7]

Die somatischen und affektiven Mechanismen der filmischen Atmosphäre, die Tröhler hier andeutet, werden im folgenden Kapitel weiter ausgeführt.

---

[7] Tröhler verwendet hier den Begriff ‚synästhetisch' nicht in seiner geläufigen, physiologischen und medizinischen Bedeutung. Gemeinhin bezieht sich das Phänomen der Synästhesie auf eine Form der Wahrnehmung, wobei Personen Sinneseindrücke mit anderen Sinnen wahrnehmen, das heisst zum Beispiel Farben schmecken oder Zahlen als Farben empfinden. In Bezug auf den Film bezieht sich der Begriff hingegen auf das Zusammenführen verschiedener Gestaltungs- und Bedeutungsebenen, wobei verschiedene Sinne der Rezipienten angesprochen werden und eine Gesamterfahrung angestrebt wird.

4. Film, Subjektivierung und Affekt

Im folgenden Kapitel soll darauf eingegangen werden, wie die Begriffe ‚filmischer Affekt' und ‚Subjektivierung' für die folgenden Ausführungen verstanden und konzeptualisiert werden. Die Begrifflichkeit und Definition der verschiedenen Gemütsregungen löst stets Verwirrung und Diskussionen aus, denn Begriffe wie Emotion, Affekt, Gefühl, Stimmung, Empfindung und Laune, wie auch Empathie, Subjektivierung, Identifikation und Einfühlung werden im alltäglichen Gebrauch oftmals als Synonyme verstanden oder auf ungenaue Art verwendet. Doch auch seitens der Forscher herrscht große Uneinigkeit, vor allem zwischen der deutsch- und der englischsprachigen Forschung. Aus diesem Grund ist es notwendig die Begriffe ‚Affekt' und ‚Subjektivierung' konkret zu definieren.

4.1. Film und Affekt

Als grundsätzlichen Unterschied zwischen Emotion und Affekt sieht Christiane Voss (2004: 11), dass der Begriff ‚Emotion' alle Facetten des Emotionsspektrums abdeckt, während ‚Affekt' für die besonders starken Formen der Gemütserregung verwendet wird. Ich möchte hinzufügen, dass Affekte nicht bloß die intensiveren Gemütserregungen sind, sondern auch, in meinem Verständnis, die instinktiveren. Affekte gehen infolgedessen auf instinktive Reize zurück und funktionieren zu einem Großteil unbewusst, während Emotionen bewusst erfolgen. Damit möchte ich jedoch nicht behaupten, affektive Gemütsregungen seien komplett frei von einer kognitiven Komponente. Vielmehr ist dabei die Reaktion selbst stark instinktiv und unbewusst, unabhängig davon, ob sie kognitiv beeinflusst (beispielsweise durch Erinnerungen oder Wahrnehmungen) oder verarbeitet wird, was sicherlich der Fall ist. Noël Carroll (1999: 26) unterstreicht ebenfalls, dass ‚richtige' Emotionen eine kognitive Komponente benötigen, während gewisse affektive Verfahren, wie unter anderen die Schreckreaktion im Kino, ohne diese Komponente auskommen. Christiane Voss (2004: 36 ff.) unterscheidet zwischen primären und sekundären Empfindungen:

> Die Differenzierung primärer und sekundärer oder einfacher und komplexer Emotionen kann entlang einer unscharfen Grenzlinie von instinktivem, angeborenem, triebhaftem Verhalten

und Wahrnehmen auf der einen Seite und einem erlernten, kultivierten, komplexeren Verhalten und Wahrnehmen auf der anderen, gezogen werden. (Voss 2004: 36) Zu diesen primären Emotionen, welche ich als Affekte bezeichnen werde, zählen in erster Linie der Fluchtinstinkt (Furcht/Schrecken), Ekel, Schmerz und Lustverhalten (Voss 2004: 36). Mich interessieren vor allem die instinktiven, und somit auch nicht direkt narrativ korrelierten Affekte, welche ein Film über die ästhetische Adressierung der Zuschauer hervorrufen kann, wie zum Beispiel Furcht, Schrecken oder Ekel.

Hans J. Wulff (2006: 17) beschreibt Affekt als objektorientiert, das heißt, dass ein Affekt, im Unterschied zu Emotionen, immer ein Objekt braucht, um ausgelöst zu werden. Wulff (2006: 21 [kursiv im Original]) betont: „Ein *Affekt* findet zwischen Subjekt und Objekt statt, ist Teil einer Austauschbeziehung, steht nicht allein in der Kontrolle des Subjekts, sondern wird auch vom Objekt zumindest teilweise gesteuert". Die affektive Reaktion eines Individuums auf ein bestimmtes Objekt ist demzufolge nicht gänzlich festgelegt; so reagiert nicht jeder gleich auf denselben Reiz. Einige Kinozuschauer mögen beim Anblick einer blutenden Wunde im Film angeekelt zusammenfahren oder den Blick abwenden, während andere bloß den Mund etwas verziehen. In beiden Fällen handelt es sich um eine individuelle somatische, affektive Reaktion auf ein filmisches Objekt. Allen Arten von Affekten ist gemein, dass es sich vor allem um körperliche Reaktionen auf ein bestimmtes ästhetisches Objekt handelt (vgl. Eder 2005: 108).

Carroll (1999: 21) bezeichnet filmische Affekte als den Leim, der die Aufmerksamkeit eines Filmpublikums durchgehend auf die Leinwand haftet. Es ist erwähnenswert, dass jede filmische Situation emotional und affektiv vorstrukturiert ist und einen emotionalen und affektiven Fokus besitzt (vgl. 1999: 29). Carroll (1999: 29) nennt dies *predigested*, vorverdaut. Obschon es dem individuellen Zuschauer überlassen ist, wie seine affektive Reaktion auf bestimmte Reize ausfällt, lassen sich also gewisse Muster und Gemeinsamkeiten zwischen verschiedenen Zuschauern festhalten. Dies lässt einerseits darauf schließen, dass gewisse Komponenten von affektiven Reaktionen erlernt und kulturell bestimmt sind und, andererseits, dass es bestimmte filmische Konventionen und Stereotype zur Erzeugung dieser Affekte gibt. Christiane Voss (2007: 314ff.) sieht in der Analyse der filmischen Emotionen einen Weg, die Rolle des Zuschauers als aktiven Rezipienten neu zu definieren.[8] In diesem Zusammenhang schreibt sie, dass der Körper des Filmzuschauers als ‚Leihkörper' fungiert, wodurch das Geschehen im Film dreidimensional wird (vgl. 2007: 319-320). Das bedeutet, dass die aktive Rolle der Rezipienten nicht auf die kognitive Bedeutungskonstruktion limitiert ist, sondern sich auch auf affektiver und psychosomatischer Ebene abspielt und dadurch die Bedeutung des Films verändern und vervollständigen kann (Voss 2007: 321).

Im Folgenden werde ich mich in erster Linie auf Carl Plantingas Studie *Moving Viewers. American Film and the Spectator's Experience* (2009) stützen. Plantinga basiert seine Unterscheidung von Emotion und Affekt ebenfalls auf die kognitive Ebene und argumentiert, dass filmische Affekte neurologisch nur gering verarbeitet werden, während Emotionen einen höheren Grad kognitiver Prozessierung benötigen (vgl. Plantinga 2009: 57). Zu dieser zweiten Kategorie gehören unter anderem Spannung, Angst und Mitleid, während Stimmungen und gefühlte körperliche Reaktionen zu den Affekten gehören (vgl. Plantinga 2009: 57). Der Autor (2009: 57) unterstreicht jedoch, dass sowohl Affekt als auch Emotion in ihrer Genese automatisch und nicht-kognitiv sein können. In Bezug auf die emotionalen Zuschauerreaktionen unterscheidet er sieben Arten der filmischen Emotion: *global, local, direct, sympathetic/antipathetic, meta-emotions, fiction emotion* und *artifact emotion* (vgl. 2005: 68–75). Weiter wird unterstrichen, dass Zuschaueremotionen zwar zum größten Teil von filmischen (narrativen) Stimuli ausgelöst werden, aber auch von den Erinnerungen und Assoziationen der Zuschauer beeinflusst werden können (vgl. 2009: 75). Dies bezieht sich insbesondere auf die Wiedererkennung einer selbst erlebten Situation oder auf bestimmte Assoziationen, welche mit Figuren oder Schauplätzen in Verbindung gebracht werden.

In Bezug auf den filmischen Affekt unterscheidet Plantinga (2009:114) zwischen *direct affect* und *affective mimicry*. Den direkten Affekt assoziiert er in erster Linie mit instinktiven und primitiven Reaktionen auf bestimmte Stimuli, wie zum Beispiel den Schreckensaffekt als Reaktion auf plötzlich ertönende laute Geräusche (vgl. 2009:114, 117). Er argumentiert also, dass sich Zuschauerreaktionen bezüglich audiovisueller Medien auf primitive Reaktionen zurückführen lassen, die sich über lange Zeitspannen der menschlichen Geschichte entwickelt haben (vgl. Plan-

---

[8] Voss benutzt den Begriff ‚Emotion' hier sehr allgemein, bezieht sich im Laufe des Texts jedoch auch auf affektive und psychosomatische Reaktionen.

tinga 2009: 117). Zusätzlich erwähnt er auch, dass sich kinästhetische Reaktionen einstellen können, wie Schwindel, Übelkeit und Stress (vgl. Plantinga 2009: 119). Diese lassen sich vor allem auf starke Bewegungen, flackernde Lichter und intensive Töne zurückführen. Als extremes Beispiel lassen sich an dieser Stelle epileptische Anfälle nennen, welche bei Betroffenen zum Beispiel durch intensiv flackernde Lichter im Fernsehen ausgelöst werden können. Als *affective mimicry* bezeichnet er hingegen einen Mechanismus, der sich auf die menschlichen Figuren im Film bezieht und über deren Sprache, Mimik und Gestik die Zuschauer dazu bringt, unbewusst die Gemütsstimmung der Figuren nachzuahmen (vgl. Plantinga 2009: 114). Dies ist ein Effekt, der sich nicht nur bei filmischen Figuren einstellen kann, sondern auch bei realen Mitmenschen. Für die Zielsetzung dieser Arbeit erweisen sich diese beiden Mechanismen, Kinästhetische Effekte und *affective mimicry*, als unbedeutsam.

An dieser Stelle scheint es mir notwendig, diese Kategorisierung des filmischen Affekts um eine Kategorie zu erweitern, welche ich in der Folge die des *indirekten Affekts* nennen werde. Als indirekter Affekt verstehe ich jene unbewussten und instinktiven Reaktionen welche durch bestimmte Elemente der Gestaltung und Narration ausgelöst und vermittelt werden und auf einer Form des Vorwissens basieren. Das Vorwissen unterteilt sich in filmexternes Vorwissen, filmische Stereotype und filminterne (narrative) Lenkung, ist aber automatisiert und bedarf keiner kognitiven Verarbeitung mehr. Als Beispiele lassen sich das Auftreten einer giftigen Schlange (filmexternes Allgemeinwissen, die Schlange stellt eine Gefahr dar), das Quietschen einer Türe (filmischer Stereotyp, signalisiert eine unheimliche Situation) und das Auftauchen der den Zuschauern bekannten Figur des Mörders (filminternes Vorwissen, dies ist der gesuchte Mörder) nennen. In allen drei Fällen wird ein Schreckensaffekt ausgelöst, welcher auf einem Vorwissen seitens der Zuschauer beruht. Obschon diese Art des Affekts die Grenzen zwischen kognitiven und somatischen Zuschauerreaktionen zu verwischen scheint, lässt sie sich zu den filmischen Affekten zählen, da sich die Reaktion als unbewusst, instinktiv und somatisch beschreiben lässt.

Tabelle 2 fasst die verschiedenen Arten des filmischen Affekts zusammen. Mich interessiert in erster Linie der direkte Affekt, welcher die ästhetische Gestaltung eines Films zum Objekt hat und beispielsweise durch die Farbgestaltung und das Tondesign ausgelöst wird.

Filmischer Affekt	Indirekter Affekt			Direkter Affekt
Objekt	Elemente der Gestaltung und der Narration			Ästhetische Gestaltung
Auslöser	Filmexternes Vorwissen	Filmische Stereotype	Filminterne (narrative) Lenkung	Farbgestaltung, Tondesign, Lichtsetzung, usw.

Tabelle 2: Klassifizierung der filmischen Affekte.

Trotzdem ist es wichtig, alle Arten der emotionalen und affektiven Zuschauerreaktionen zu berücksichtigen, da diese sehr vielschichtig sind und die verschiedenen Reaktionen teilweise auch aufeinander beruhen oder aufbauen. Es ist außerdem nicht auszuschließen, dass es Überschneidungen geben kann zwischen den verschiedenen Formen von Affekten. Demzufolge muss eine Analyse der emotionalen und affektiven Zuschauerreaktionen versuchen, möglichst viele Aspekte zu berücksichtigen um ein vollständiges Bild zu erhalten.

Diese Überlegungen und Begriffe sollen es mir erlauben, in der Analyse die verschiedenen Arten von Affekten zu beschreiben und einen Teil der Fragestellung zu beantworten. Gleichzeitig sollen sie dazu beitragen, filmische Atmosphären besser charakterisieren zu können. Wie bereits erwähnt, geht Gernot Böhme (2001: 52) davon aus, dass dies nur über eine Untersuchung der filmischen Affekte möglich ist. Im weiteren Verlauf der Ausführungen wird genauer auf den Psychothriller und die darin generierten Atmosphären eingegangen, und somit auch auf die Affekte, die in diesem spezifischen Genre im Zuschauer erzeugt werden. Meine These diesbezüglich ist, dass das filmische Beispiel THE SILENCE OF THE LAMBS den gesamten Film hindurch Atmosphären generiert, welche als vielschichtig, bedrohlich und figurengebunden zu charakterisieren sind. Die Affektreaktionen, die dabei erzeugt werden, lassen sich in erster Linie als Schreck- und Furchtaffekte bezeichnen, welche zur Erschaffung einer unangenehmen Grundstimmung beitragen.

4.2 Subjektivierung. *Allegiance* und *Alignment*

Im Gegensatz zur Literatur ist es dem Film nicht möglich, eine Geschichte gänzlich aus der subjektiven Perspektive einer einzelnen Figur heraus zu erzählen. Trotzdem wurde im Laufe der Zeit eine ganze Reihe von Möglichkeiten entwickelt, die zumindest eine Annäherung an eine subjektive Perspektive ermöglichen. So kann eine Kamera subjektiv eingesetzt werden und den Blick und die Wahrnehmung einer

Figur simulieren, oder der Film kann durch ein Voice-Over die Gedanken der Figur wiedergeben. Darüber hinaus läuft ein Teil der Subjektivierung auch über empathische Prozesse ab, die durch die Narration ausgelöst werden. So ist es möglich, dass die Zuschauer sich in eine Filmfigur einfühlen, weil sie sich mit deren Geschichte verbunden fühlen. In diesem Kontext wird oft auch von *Identifikation* gesprochen. Dieser Begriff impliziert, dass die Zuschauenden sich in die Figur hineinversetzen und sich mit dieser identifizieren. Diese Definition erweist sich jedoch als ungenau und problematisch, da wir als Zuschauer vielleicht die Perspektive einer Figur einnehmen und in gewissen Situationen mit ihr mitfühlen, und damit meine ich durchaus wortwörtliches, psychosomatisches Mitfühlen, jedoch bedeutet dies nicht, dass wir uns mit dieser Figur gleichsetzen. Das beste Beispiel hierfür bieten Filme, die Verbrecher oder Mörder in den Mittelpunkt stellen. In gewissen Situationen mag der Zuschauer sich zwar in die Perspektive des Mörders begeben und auch mit ihm mitfühlen, jedoch wird er sich nie selbst als Mörder fühlen. Christine N. Brinckmann (1999: 189) beschreibt zwei Szenen, in denen die Figuren Handlungen begehen, die moralisch nicht akzeptabel sind und schreibt dazu: „Beide Male hat man keine Sympathie in die Person investiert, missbilligt ihr Tun und hofft dennoch, dass es gelingen möge". Das bedeutet, um sich als Zuschauer subjektiv bei einer bestimmten Figur zu befinden und auch somatisch mit ihr mitzufühlen, ist es nicht notwendig, Sympathie für diese Figur zu empfinden, ihre Handlungen als moralisch gültig zu bewerten oder sich mit ihr zu identifizieren. Aus diesem Grund werde ich die Begriffe Identifikation, Empathie, Einfühlung und ähnliche vermeiden und vorwiegend von Subjektivierung sprechen.

Hinsichtlich der subjektivierenden Funktion der filmischen Atmosphären lehnt sich diese Untersuchung an Murray Smiths Aufsatz „Altered States" (1994) und das darauffolgende Buch *Engaging Characters. Fiction, Emotion and the Cinema* (1995) an. Smith (1994: 35) unterteilt den sehr allgemeinen Begriff ‚Identifikation' in die drei Unterbegriffe *recognition* (Erfassung, Erkennung), *alignment* (Angleichung, Ausrichtung) und *allegiance* (Zugehörigkeit, Loyalität). Der erste Begriff, *recognition*, bezieht sich auf die Rekonstruktion einer filmischen Figur durch den Zuschauer anhand der Elemente, die im filmischen Text bereitgestellt werden (vgl. 1994: 40). Dies ist ein automatischer Prozess, der dazu dient, das Verständnis der Narration und der involvierten Figuren sicherzustellen (vgl. 1994: 40). *Alignment* hingegen beschreibt „the process by which spectators are placed in relation to characters in terms of access to their actions and to what they know and feel. The concept is akin to the literary notion of ‚focalisation'" (Smith 1994: 41). Das heißt, *Alignment* bezieht sich darauf, wie ein Filmzuschauer die externe und interne Perspektive einer filmischen Figur einnimmt, anders gesagt, auf die Art und Weise wie die Handlung fokalisiert wird. Der dritte Begriff Smiths, *allegiance*, geht hingegen noch einen Schritt weiter und bezeichnet die moralische und ideologische Evaluierung der Figur sowie ihrer Handlungen und kommt somit der klassischen Bedeutung von Identifikation am nächsten (vgl. 1994.: 41). Smith (1994: 42) betont jedoch, dass keiner der drei Bezeichnungen gänzlich mit dem Begriff der Identifikation im klassischen Sinne gleichzusetzen sei: „Neither recognition nor alignment nor allegiance entails that the spectator replicate the traits or experience the thoughts or emotions of a character". Der Zuschauer rekonstruiert die Figur, nimmt vielleicht ihre Perspektive ein und beurteilt ihre Taten, jedoch identifiziert er sich nicht mit ihr oder nimmt ihre Position ein.

Für die weitere Untersuchung erweist sich vor allem der Begriff *alignment* als relevant, da ich davon ausgehe, dass filmische Atmosphären den Zuschauer nicht nur affektiv beeinflussen, sondern auch eine subjektivierende Funktion haben, durch die sich der Zuschauer in der Perspektive einer oder mehrerer Figuren wiederfindet. Smith (1994: 41) teilt den Begriff weiter auf und unterscheidet zusätzlich zwischen ‚räumlicher Gebundenheit' zur Figur (*spatial attachment*) und ‚subjektivem Zugang' (*subjective access*) zur Psyche der Figur. Dabei bewegt sich *spatial attachment* im Spektrum zwischen exklusiv und multipel, während das Spektrum des *subjective access* von *opaque* (opak) bis *transparent* reicht (Vgl. Smith 1995: 105). In anderen Worten bedeutet das, dass die Zuschauerperspektive mit der Perspektive mehrere Figuren angeglichen werden kann und nicht jede Angleichung mit der Perspektive einer Figur auch bedeutet, dass der Zuschauer klare Einsicht in deren Gedanken und Motive erhält. Auf jeden Fall wird aber die Zuschauerperspektive an die Figurenperspektive angeglichen, sodass der Zuschauer das filmische Geschehen vonseiten einer bestimmten Figur aus mitverfolgt, was auch dazu führen kann, dass der Zuschauer affektive und körperliche Reaktionen der Figur unbewusst imitiert und deren psychosomatische Lage mitfühlt.[9] Murray Smith betont,

---

[9] Diese Phänomene werden auch als *motor mimicry* und *affective mimicry* bezeichnet und beziehen sich auf die Imitation von affektiven oder motorischen Reaktionen anderer, in diesem Fall von filmischen Figuren (vgl. Plantinga 2009: 123ff.).

dass diese Art der Subjektivierung nicht durchgängig und fixiert ist, sondern stark variieren kann: „We may respond differently to the same character at different points in the film, [...] and we may engage simultaneously with different characters in different ways within a given part of the film" (Smith 1994: 48). Das bedeutet, dass innerhalb eines Filmes verschiedene, gleichzeitige und ambivalente Momente der Subjektivierung möglich sind.

Während Murray Smith in seinem Aufsatz den Begriff *alignment* auf die narrative Ebene des filmischen Textes reduziert, konzentriere ich mich auf die ästhetische und stilistische Ebene in THE SILENCE OF THE LAMBS und argumentiere, dass nicht nur narrative und dramaturgische Mechanismen solche Phänomene auslösen können, sondern auch stilistische Mittel in der Lage sind, die Perspektive des Zuschauers zu beeinflussen und subjektivierend zu wirken. Dies geschieht etwa durch eine bestimmte Lichtsetzung, welche dem Zuschauer den Blick auf das Geschehen im Bild erschwert und somit die limitierte Sichtweise der Figur imitiert. Auf ähnliche Weise können bestimmte akustische Elemente betont werden, was suggerieren kann, worauf die Aufmerksamkeit der Figur in diesem Moment gerichtet ist. Eine besonders düstere Atmosphäre, in der alle akustischen und ästhetischen Elemente dazu beitragen, das Seherlebnis so unangenehm wie möglich zu gestalten, kann auch subjektivierend wirken und dem Zuschauer Einblick in die momentane Gefühls- und Stimmungslage der Figur bieten. Als Letztes bleibt zu wiederholen, dass es für diese Art der Subjektivierung nicht notwendig ist, dass der Zuschauer die Figur besonders gut kennt oder mag, im Gegenteil, dieser Mechanismus scheint auch zu funktionieren, wenn die Figur zum ersten Mal in Erscheinung tritt und unsympathisch oder moralisch unvertretbar ist (vgl. Hanich 2010: 104). In THE SILENCE OF THE LAMBS werden etwa die Zuschauer in gewissen Momenten der Perspektive von Hannibal Lecter angeglichen und verfolgen dessen Flucht aus dem Hochsicherheitstrakt aus dieser Perspektive, obschon Lecter ein verurteilter Serienmörder und Kannibale ist und der Zuschauer dies von Beginn an weiß.

5. Farbgestaltung und Tondesign zwischen Narration und Atmosphäre

Seit Beginn des Films bildet die Farbe eine wichtige Komponente des filmischen Spektakels und der filmischen Ausdrucksweise (vgl. Aumont 1995: 30), jedoch setzte sich der Farbfilm erst ab den 1960er-Jahren, mit der Perfektionierung der mimetischen Farbverfahren, als Standard durch. Den beiden filmischen Mitteln Farbe und Ton ist gemein, dass sie sich mittlerweile als grundsätzliche Komponenten des zeitgenössischen Films etabliert haben, so sehr, dass es als außergewöhnlich gilt, wenn ein kontemporärer Film auf eines oder beide dieser Stilmittel verzichtet. Im Kontext des Hollywoodkinos lassen sich eine ganze Reihe von narrativen und stilistischen Konventionen, Codes und Stereotypen für beide Gestaltungsmittel festmachen. Im Folgenden werde ich mich jedoch nur kurz mit den traditionellen, das bedeutet mehrheitlich narrativen Funktionen von Tondesign und Farbgestaltung beschäftigen. Vielmehr werde ich, nach einem kurzen Exkurs zur Materialität des Films und deren Bedeutung für das Filmschauen, mit den sensorischen und materiellen Qualitäten dieser Gestaltungsmittel fortfahren.

5.1. Film, Materialität und Wahrnehmung

Filmische Affekte und die Subjektivierung der Zuschauerperspektive lassen sich, wie bereits besprochen, sowohl auf der narrativen wie auch auf der ästhetischen und stilistischen Ebene festmachen. Ich argumentiere, dass Tondesign und Farbgestaltung auf einer narrationsunabhängigen Ebene funktionieren können und dabei den Zuschauer merklich in seiner Wahrnehmung beeinflussen. In diesem Kontext erweist sich der Begriff der Materialität als zentral. Thomas Morsch schreibt:

> Während die kognitiven oder unbewussten Prozesse der Identifikation auf die Charaktere einer Handlung zielen, liegt der Kern der somatischen Affizierung der Zuschauer nach dem bisher Gesagten in der Qualität der filmischen Körper, in ihrer Materialität über die bloße Verkörperung filmischer Figuren hinauszuweisen und gerade darin die Ebene der Repräsentation zu überschreiten. (Morsch 1997: 277)

Obschon ein projizierter Film keine eigene Materialität besitzt, so berührt er den menschlichen Körper doch durch die Materialität, die er über seine akustische und optische Gestaltung zu vermitteln mag. Wie bereits in Kapitel 3 erwähnt wurde, ist das Filmbild in der Lage, die fehlenden Sinne (Tastsinn, Geruchssinn, Geschmackssinn und das Fühlen des Selbst im Raum) zu kompensieren und involviert somit den menschlichen Körper in seiner Gänze. Julian Hanich (2010: 106 [kursiv im Original]) beschreibt dieses Phänomen folgendermaßen: „The experiencing body sees and hears always *in cooperation* and *exchange* with other sensorial accesses to the world". Besonders interessant ist hier Hanichs Verwendung des Begriffs ‚experiencing body' (wahrnehmender Körper); so geht Hanich davon aus, dass die Filmerfahrung stets den gesamten menschlichen Körper involviert. Diese Konzeptualisierung ruft wiederum Christiane Voss' (2007: 320) Begriff des Leihkörpers in Erinnerung. Dieser erlaubt es, die Idee des wahrnehmenden Körpers zu erweitern, da er impliziert, dass der Körper des Zuschauers nicht nur direkt in die Wahrnehmung der filmischen Inhalte involviert ist, sondern auch zum stellvertretenden Schauplatz der materiellen Komponente der Filmprojektion wird.

Giuliana Bruno (2014: passim) unterstreicht die Wichtigkeit der Oberfläche und der Oberflächenstruktur für diese Prozesse. Laura Marks (2002: 8), die über die haptischen Qualitäten des Mediums Video schreibt, betont, dass diese Art von Wahrnehmung auf der Oberfläche verbleibt anstatt in die Tiefe zu gehen, da es mehr um die Textur als um die Form geht. Verbunden mit der Oberfläche ist die Taktilität, das Haptische, der Berührungssinn. So schreibt Bruno (2014: 19): „Mental pictures are fashioned as cloth is – haptically, out of the texture of our world: they are pictured with the material, stretchy, malleable, creative quality of its fabric. Emotions are produced within the fabric of what we touch and from that which touches us". Das heißt, die menschliche Wahrnehmung, und somit auch die menschliche Affektbildung, basiert zu einem großen Teil auf der haptischen Perzeption unserer Umwelt. Marks (2002: 2 [kursiv im Original]) verwendet hierfür den Begriff *haptic perception*, und definiert diese als „the combination of tactile, kinesthetic, and proprioceptive functions, the way we experience touch both on the surface of and inside our bodies. In haptic *visuality*, the eyes themselves function like organs of touch". Dies betrifft sowohl das wirkliche Leben, den Alltag wie auch die Betrachtung von Kunst. Bruno (2014: 15) betont, dass jedes Element unserer Umwelt Affekte auslösen kann, insofern es eine taktile Wahrnehmung der Texturen seiner Oberfläche mit sich bringt. Diese Wahrnehmung muss jedoch nicht unbedingt über den Tastsinn erfolgen, denn unsere Augen und Ohren können uns die haptischen

Qualitäten unserer Umgebung vermitteln, ohne dass eine direkte Berührung erfolgt. Beim Besuch eines Museums, in dem das Berühren der Kunstwerke verboten ist, können unsere Augen uns dennoch die Materialität der Pinselstriche und -spuren auf einem Gemälde vermitteln und fühlen lassen. Auf dieselbe Art und Weise vermittelt uns unser Gehörsinn den Unterschied zwischen Metall- und Holzblasinstrumenten. Giuliana Bruno (2014: 19) geht noch weiter und argumentiert, nicht nur unsere Wahrnehmung sei von den haptischen Qualitäten unserer Umwelt geprägt, sondern auch unsere Affektbildung: „The landscape of affective mediation is material: it is made of haptic fabrics, moving atmospheres, and transitive fabrications". Auf den Film angewendet bedeutet dies, dass die inhärenten materiellen Qualitäten des Filmbilds und der filmischen Atmosphäre über die visuell-haptische Wahrnehmung affektive Reaktionen auslösen können.[10]

Diese Ausführungen lassen darauf schließen, dass die Filmerfahrung weitgehend auch auf materiellen Komponenten basiert und dementsprechend die haptischen Fähigkeiten des Menschen auf verschiedenen Ebenen aktivieren kann. Alle Parameter der Bildgestaltung können nicht nur visuell oder akustisch wahrgenommen werden, sondern auch die anderen Sinne involvieren. So ist es notwendig, in der Filmanalyse nicht nur die Farbe eines Objekts zu beschreiben, sondern auch die materiellen Qualitäten dieser Farbe. Wenn eine Filmfigur ein rotes Samtkleid trägt, nimmt unser Auge nicht nur die Farbe des Kleides wahr, sondern auch die materiellen Qualitäten des Stoffes. Somit stimuliert in diesem Fall nicht nur die Farbe Rot Assoziationen und affektive Reaktionen, sondern auch die haptische Qualität des Materials. Unsere Hände werden involviert, indem sie die spezifische Materialität des Samts nachfühlen, ohne das Kleid tatsächlich zu berühren. Auf ähnliche Weise kann auch ein Geräusch Materialität vermitteln, dadurch, dass es auf die materielle Beschaffenheit des klingenden Objekts verweist. Das Geräusch von zersplitterndem Glas ruft unwiderruflich verschiedene Assoziationen herbei, verweist gleichzeitig

---

[10] Für tiefergehende phänomenologische Analysen empfehlen sich die Werke von Vivian Sobchack (1992) und, darauf aufbauend, Jennifer M. Barker (2009). Beide untersuchen, inwiefern sich der Zuschauerkörper und der filmische Körper gegenseitig berühren und konstituieren und das Seherlebnis tiefgehend durch diese Berührung beeinflusst wird. In dieser Untersuchung werde ich die beiden Ansätze nicht weiterverfolgen, da sie zu umfangreich sind und den hiesigen Fokus übertreffen. Dennoch scheint es mir wichtig zu erwähnen, dass sich der Zusammenhang zwischen Film, Materialität und Affekt noch viel umfassender analysieren lässt, als es hier gemacht wird.

aber auch auf die Materialität des Geräusches und auf die haptischen Qualitäten, die damit verbunden sind. Die materiellen Aspekte von Farbe und Ton werden jeweils in Kapitel 5.2. und 5.3. tiefer besprochen.

Um die bis anhin besprochenen Aspekte der filmischen Materialität besser in der filmanalytischen Praxis verorten zu können, folgt nun eine kurze Beispielanalyse anhand einer Sequenz aus dem Film BATMAN BEGINS (Christopher Nolan, USA 2005). Abbildung 1 zeigt den Moment, in dem Bruce Wayne, der spätere Batman, zum ersten Mal die Höhle unter seinem Anwesen aufsucht. Das Bild ist fast gänzlich schwarz und sehr dunkel, doch durch das Spiel mit Licht und Schatten erfährt die materielle Gegebenheit des Felsens eine spezielle Betonung, welche sich auf die Atmosphäre der gesamten Sequenz auswirkt. Durch die vorherrschende Dunkelheit in der Höhle wird eine ungute Stimmung evoziert, da es für die Zuschauenden unmöglich ist, alle visuellen Informationen zu sammeln, die sie zur Orientierung benötigen. Zusätzlich vermittelt die Textur des Felsens, zusammen mit der Feuchtigkeit, die durch die Reflexe und den Wasserfall im Hintergrund suggeriert wird, eine kalte, feuchte und schlicht unangenehme Umgebung. Die dominierenden materiellen Qualitäten sind in dieser Einstellung die Härte des Felsens und seine scharfen Kanten, betont durch das Licht, und die Feuchtigkeit, welche sowohl von Wasserfall im Hintergrund als auch von der Licht-reflektierenden Materialität des Felsen ausgeht. Beide Komponenten werden von den Rezipienten visuell und akustisch wahrgenommen und an die entsprechenden Sinnesorgane weitergeleitet.

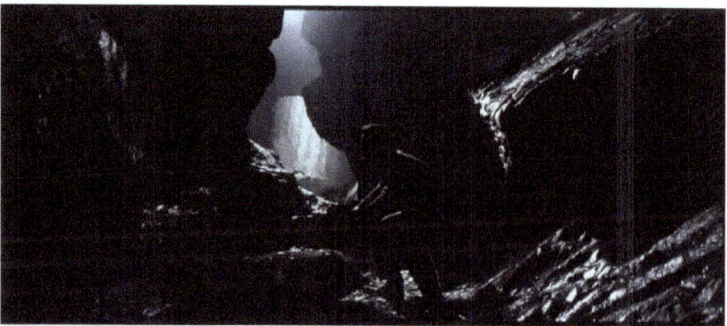

Abb. 1: Die Fledermaushöhle in BATMAN BEGINS (Christopher Nolan, USA 2005).

Für Bruce Wayne steht diese Höhle einerseits für die Fledermäuse, die sie bewohnen und die ihn einst attackierten, als er als Kind in einen Brunnen fiel, wie auch für den Mord an seinen Eltern, für den er sich selbst verantwortlich macht. Die filmische Atmosphäre spiegelt hier Bruces Gefühle bezüglich dieser Höhle und seiner eigenen Vergangenheit. Jedoch muss sich Bruce Wayne seiner Vergangenheit und seinen Ängsten stellen, um den Menschen in seiner Stadt helfen zu können. In diesem Sinne unterstützt die Materialität der Umgebung in dieser Sequenz die Narration, funktioniert jedoch auch unabhängig davon, da die Zuschauer die atmosphärische Wirkung dieser Sequenz auch fühlen würden, wenn ihnen der narrative Hintergrund nicht bekannt wäre.

Diese durchgehende Betonung der materiellen und haptischen Elemente kann als Stilisierung bezeichnet werden. Tatsächlich handelt es sich bei vielen dieser materiellen Aspekte um Elemente einer bestimmten Ästhetik, welche durch Stilisierung zusätzlich betont werden. Dabei muss hervorgehoben werden, dass es sich allgemein um Elemente handelt, die nicht zur narrativen Bedeutungskonstruktion eines Films beitragen, sondern sich als zusätzliche Ebene der Gestaltung identifizieren lassen. Alle Aspekte der Ästhetik eines Films können stilisiert werden. Die Beleuchtung einer Szene kann eine Figur oder ein Objekt stark ins Zentrum rücken, die Farbe eines Objekts sticht durch ihre Leuchtkraft hervor, ein Geräusch wird so bearbeitet, dass es alle anderen Geräusche überdeckt, das Design auf einem Kleid kann übertrieben wirken, ohne dass dies motiviert wäre, wie auch das Make-Up einer Figur. Oder die materiellen Qualitäten eines Objektes werden so stark betont, dass die Zuschauer auf diese Materialität aufmerksam werden und sie nachfühlen. In all diesen Fällen übersteigt der Einsatz eines ästhetischen Mittels die narrative Notwendigkeit und vermittelt durch diese Stilisierung bestimmte Zusatzinformationen. Auf diese Weise verstehe ich auch die materiellen, taktilen und haptischen Qualitäten des Filmbilds als Elemente der Stilisierung, die zwar nicht zum Verständnis der Narration beitragen, jedoch die Wahrnehmung der Zuschauenden auf bedeutsame Weise beeinflussen und erweitern.

5.2 Atmosphärische Dimensionen der Farbe. Harmonien, Kontraste und Haptik

Fast von Anfang an waren autonome Farbverfahren wie Hand- und Schablonenkolorierung oder Viragierung und Tonung ein Teil der filmischen Attraktion. Dementsprechend entstanden bereits in den frühen Jahren des Films Farbkonventionen und -codes, wie die blaue Viragierung nächtlicher Szenen. Diese Codes und Konventionen entwickelten sich mit dem Film weiter und verwandelten sich in eine ganze Reihe symbolischer Funktionen, Bedeutungen und Regeln der filmischen Farbkomposition, die sich stets dem historischen Moment und dessen Geschmack anpassen. Diese Entwicklung erwies sich im klassischen Hollywood-System als besonders erfolgreich, vor allem weil unkontrollierte Farbe ein störendes und emotionalisierendes Potenzial birgt, welches die Narration gefährden kann (vgl. Everett 2007: 106-107).

Die farbliche Komponente unserer Umwelt ist ein grundsätzlicher Bestandteil unserer Wahrnehmung. Susanne Marschall (2009: 22) führt aus: „In unserer normalen Alltagswahrnehmung – so schätzen Wahrnehmungsforscher – entschlüsselt ein Mensch mindestens vierzig Prozent aller visuellen Informationen durch Farben". Dies lässt erahnen, dass Farbe auch in der Kunst, und insbesondere im Film einen wichtigen Wahrnehmungsfaktor darstellen muss. Tatsächlich ist Farbe nicht nur eine ästhetische oder stilistische Komponente des Films, sondern dient auch der Orientierung der Zuschauer, der Charakterisierung von Figuren und der Vermittlung zusätzlicher Bedeutungsebenen.

Marschall (2009: 22) betont, dass Filmfarben oftmals als realitätsgetreu und natürlich wahrgenommen und demnach nicht hinterfragt werden. Tatsächlich sind Filmfarben jedoch selten natürlich, zu groß ist der Einfluss des Filmmaterials, der Lichtbedingungen und die Tatsache, dass gewisse Farben im Film ganz anders wirken als im Alltag und einer ganzen Reihe von Konventionen und kulturellen Codes unterstellt sind. Außerdem ist sowohl der Einsatz als auch das Verständnis von Filmfarben immer historisch verortet und entspricht bestimmten historischen Vorlieben. So wird die Farbgestaltung eines Films aus den 1950er-Jahren von einem heutigen Publikum kaum noch als natürlich empfunden und das obschon sie gänzlich dem damaligen Verständnis von realistischer Filmfarbe entspricht. Farbwahrnehmung ist also grundsätzlich immer relativ und historisch verankert. Wendy Everett (2007: 110-111) geht sogar so weit zu konstatieren, dass alle Farben grundsätzlich abstrakt sind, da die Perzeption der Farben von einer Vielzahl von Faktoren, wie Kultur, Erfahrung und Erwartungen des Individuums, abhängt und immer individuell ist. Sogar kulturelle Lesarten seien demzufolge limitiert und instabil (vgl. Everett 2007: 110-111). So lassen sich zwar bezüglich einzelner Farben universelle Prinzipien festhalten, jedoch erweist sich dies eher als Ausnahme. Ein Beispiel ist die Farbe der Trauerbekleidung, welche im westlichen Raum meist schwarz oder sehr dunkel ist, während im asiatischen, beziehungsweise buddhistischen Raum die Farbe Weiß als Farbe der Trauer gilt. Edward Branigan (2006: 170) betont ebenfalls, dass Farbe, ähnlich wie Musik, von Beziehungen und Vergleichen abhängig ist, kurz und gut, von ihrem Kontext. Das bedeutet, dass es über die klassischen Konventionen und Codes nur bedingt möglich ist, die Bedeutung und Funktion von Farbe im Film im Allgemeinen zu beschreiben. Vielmehr muss die Bedeutung filmischer Farbe für jeden Film neu ausgewertet und in ihrem eigenen Kontext analysiert werden.

Im Film kann Farbe sowohl während der Aufnahme als auch in der Postproduktion bearbeitet und beeinflusst werden. Während der Aufnahme ist das Licht eine zentrale Komponente. Christine N. Brinckmann (2001: 24) betont: „Filmische Farbe ist gänzlich an die Qualität des Lichts gebunden". Da die Bildkomposition im Film ständiger Bewegung ausgesetzt ist, bedeutet dies auch, dass die Farbwerte kontinuierlich von den wechselnden Lichtverhältnissen beeinflusst werden, was für visuelle Unruhe sorgen kann (vgl. Brinckmann 2001: 23-24). Demzufolge wird bei jedem Filmdreh ein besonderes Augenmerk auf die Lichtsetzung gelegt. Zusätzlich kann die Farbe während des Drehs durch den Einsatz von farbigem Licht, besonderer Requisiten oder Farbfiltern beeinflusst werden. Jacques Aumont (1995: 43) bemerkt: „Le filtre coloré reproduit [...] l'interposition imaginaire d'une mince couche colorée entre notre regard et l'image". Der Farbfilter verändert die Farbgestaltung einer bestimmten Szene oder Einstellung demzufolge beträchtlich und kann einerseits die Farbkontraste beeinflussen und die Tiefenwirkung manipulieren und andererseits einen verfremdenden Effekt haben (vgl. Riedel 2007: 107). Im Unterschied dazu taucht farbiges Licht einen mehr oder weniger großen Teil des filmischen Raumes und der Bildkomposition in eine bestimmte Farbe, was es teilweise schwierig macht, die Farben der einzelnen Objekte zu identifizieren und zu unterscheiden. Auf Grund dessen muss im Film und in der Filmanalyse stets zwischen Objektfarbe und Lichtfarbe differenziert werden. Zusätzlich kann die Farbe in der Postproduktion bearbeitet werden, wobei es die neusten Technologien ermöglichen, Farbqualitäten und -charakteristika fast gänzlich zu verändern. Die Unterscheidung zwischen Objekt- und Lichtfarbe stammt aus der Malerei und wurde bereits vom Maler Philipp Otto Runge (1777-1810) in seinen Schriften theorisiert (vgl. Deppner 1998: 309). Zentral ist dabei die Hinzufügung einer weiteren Gestaltungsbene, welche sowohl bestimmte Situationen wie Mondschein oder Kerzenlicht unterstreichen kann, als auch Stimmungen und Gefühle betonen kann (vgl. Deppner 1998: 310). Das Hollywood Kino begann diese Strategien während der Technicolor-Ära verstärkt einzusetzen, unter anderem durch Filmemacher wie Douglas Sirk. Deppner schreibt dazu:

> Sirk stattet die Personen ebenfalls mit kompakter Lokalfarbe aus [...] und stellt sie je nach dramaturgischer Notwendigkeit in durchscheinendes, von außen gerichtetes Farblicht. Die Überschneidung beider Bereiche konnotiert dabei jene ambivalenten Gefühlsdimensionen, die in der Handlung angelegt sind und die Sirk durch Farbwirkung zu steigern sucht.
>
> (Deppner 1998: 311)

Diese Art der farbigen Lichtsetzung wird als *Mood Lighting* bezeichnet. Patrick Keating (2010: 210) betont, dass Natalie Kalmus, *Color Supervisor* von Technicolor, darauf bestand, dass die Filmemacher farbiges Licht als expressives Ausdruckmittel einsetzten. Somit bot das Technicolorverfahren den Filmemachern einen neuen Einblick in die Rolle der Beleuchtung im Film und führte die in der Malerei begonnene Verwendung farbiger Lichtsetzung für ästhetische und symbolische Zwecke fort.

Jegliche Analyse von Farbe im Film muss von einer gründlichen Beschreibung der Farbe und deren verschiedenen Funktionen ausgehen. Begriffe, die sich als nützlich erweisen, um (filmische) Farbe zu charakterisieren, sind unter anderen Farbton, Farbhelligkeit, Farbreinheit oder Sättigung und die Unterscheidung zwischen natürlichkeitsimitierenden und verfremdenden Farben, das heißt Farben, die die Künstlichkeit und Gemachtheit des filmischen Bildes unterstreichen. Ein weiteres wichtiges Element ist die Bildkomposition, auch in Zusammenhang mit der Schärfe. In Bezug auf die Funktion lassen sich mindestens drei Ebenen oder Hauptfunktionen der Farbe im Film festhalten, und zudem unzählige kulturell und historisch verankerte Konventionen und Codes. Die drei Hauptebenen der Filmfarbe lassen sich vereinfachend als Narration, Affekt und Farbe an sich benennen. Auf der

Ebene der Narration dient die Farbe dazu, den narrativen Ablauf des Films zu unterstützen, was bedeutet, die Farbe ist in diesem Fall immer motiviert (vgl. Aumont 1995: 47), dient der Orientierung oder als Leitmotiv, charakterisiert Figuren, Schauplätze und Handlungen und bildet durchgängige Motive. Auf dieser Ebene lassen sich die meisten Konventionen, Codes, Stereotypen und symbolischen Bedeutungen der Filmfarbe ansiedeln. Diese Verbindungen sind jedoch stets arbiträr, kulturell bedingt und zeit- und geschmacksabhängig, also variabel, hochgradig problematisch und instabil. Susanne Marschall (2009: 61) schreibt zum Beispiel Blau gelte „als Farbe der Nacht, der Kälte, des Dämonischen, des Todes, der Erinnerung, der Trauer, der Melancholie". Diese Farbensymbolik wird aber nur in gewissen kulturellen Kreisen und zu einem bestimmten historischen Zeitpunkt so verstanden. Gleichermaßen werden alle oder die meisten Farben mit Bedeutungen konnotiert. Außerdem werden gewisse Figurentypen mit bestimmten Farben assoziiert, so gilt Rot im Film noir als Farbe der Femme fatale, während zarte Rosatöne und Weiß eher mit jungen, unschuldigen Mädchen assoziiert werden. Dasselbe gilt für Schauplätze, Tageszeiten und Epochen. Auch hier muss betont werden, dass diese Assoziationen immer nur für einen stark begrenzten kulturellen und zeitlichen Raum gelten und darüber hinaus nur selten auf dieselbe Weise verstanden werden.

Auf der Ebene des Affektes dient die Farbe dazu, intendierte affektive Botschaften zu vermitteln und zu unterstreichen oder eine bestimmte Stimmung oder Atmosphäre zu evozieren (vgl. Everett 2007: 109-110). In diesem Kontext könnte beispielsweise eine stark blaulastige Sequenz ein Gefühl der Kälte oder Trauer im Zuschauer auslösen. Diese Ebene ist weniger erforscht, und dementsprechend ist nicht klar, ob auch hier bestimmte Konventionen vorherrschen, dennoch gehe ich an dieser Stelle davon aus. Auf der letzten Ebene, bei der die Farbe an sich im Zentrum steht, geht es vor allem um eine Darstellung der Farbe ohne inhärente Bedeutung, die Farbe wird der Farbe wegen betont und in Szene gesetzt und ist also die eigentliche Attraktion.

Um zu zeigen, wieso es sinnvoll und notwendig ist, bei der Beschreibung von filmischen Farben die materiellen Aspekte des Filmbildes sowie auch die Qualität der Farbe miteinzubeziehen, soll an dieser Stelle mit einem kurzen Beispiel fortgefahren werden. Die folgenden Bilder (Abb. 2 und 3) stammen aus Howard Hawks Technicolor-Klassiker GENTLEMEN PREFER BLONDES (USA 1953). In beiden Ausschnitten dominieren die Farben Rot und Blau, jedoch unterscheiden sich diese sowohl in ihrer Qualität als auch in ihrer Wirkung stark. Die Eröffnungsnummer des Films (Abb. 2) besticht durch Glitzer und Glamour, das Rot leuchtet nicht nur, sondern reflektiert durch die auf die Kostüme aufgenähten Pailletten auch das Licht und glitzert stark, wie auch Teile des blauen Hintergrundes. Die vorherrschende materielle Qualität der Farbe findet sich hier also im Paillettenbesatz der Kostüme und der Vorhänge, welche mit den Colliers der zwei Hauptdarstellerinnen Marilyn Monroe und Jane Russell um die Wette glitzern. Hinzu kommen die federbesetzten Kopfbedeckungen der Hauptdarstellerinnen und der Hintergrund, welcher zum Teil ebenfalls paillettenbesetzt ist und zum anderen Teil von einem Stoff in einer sehr brillanten und flächigen veilchenblauen Farbe eingenommen wird, welcher so beleuchtet wird, dass der Stoff seine Materialität sozusagen verliert und vor allem seine brillante Qualität zum Tragen kommt. Im Gegensatz dazu lässt sich die Farbgestaltung der zweiten Abbildung als gedämpft und dezent beschreiben, obschon auch hier Blau und Rot dominieren. Der grundlegende Unterschied liegt in der Qualität der Farbe und in ihrer Materialität. So handelt es sich im zweiten Ausschnitt um geschwärzte, das heißt etwas dunklere, matte Farben, die bei Weitem nicht die Leuchtkraft der Farben in der vorhergehenden Szene besitzen. Außerdem hinterlassen diese Farben auch einen kälteren Eindruck. Zwar sticht Jane Russell in ihrem roten Blazer auch hier hervor, sie ist schließlich das Aufmerksamkeitszentrum der Szene, jedoch fehlt dieser Sequenz die glamouröse, prunkvolle und exzessive Qualität der Anfangssequenz. In diesem Sinne lässt sich in der Anfangsszene sicherlich von filmischem Exzess sprechen.

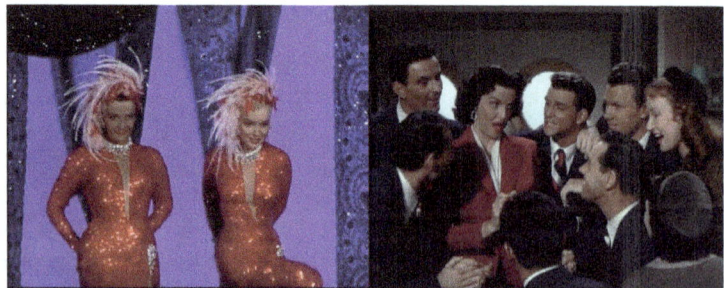

Abb. 2 und 3: Ausschnitte aus GENTLEMEN PREFER BLONDES (Howard Hawks, USA 1953).

Dazu muss erwähnt werden, dass das Licht in diesem Fall keinen allzu großen Einfluss auf diese unterschiedlichen Qualitäten hat, da beide Szenen im klassischen Hollywood-Stil perfekt ausgeleuchtet sind. Das alles bedeutet jedoch nicht, dass dieser Unterschied narrative Konsequenzen mit sich bringt, vielmehr unterscheidet der Film hier zwischen den Showeinlagen der zwei Nachtklubstars und den Gesang- und Tanznummern im Film.

Dieses kurze Beispiel soll zeigen, dass es bei der Beschreibung von Farbe eine Bedingung ist, nicht nur den Farbton, sondern weitere Eigenschaften zu berücksichtigen. Es reicht also nicht festzustellen, dass ein Objekt rot ist, sondern es muss auch beschrieben werden, ob die Objektfarbe leuchtend oder matt, warm oder kalt, hell oder dunkel ist und ob sie als solid oder brillant beschrieben werden kann (vgl. Branigan 2006: 171). Zusätzlich zu den narrativen oder narrativ funktionalisierten Funktionen der Farbe lassen sich weitere mögliche Varianten des Einsatzes von Farbe im Film festhalten. Es muss jedoch erwähnt werden, dass eine klare Trennung dieser Eigenschaften und Funktionen nicht immer der Realität entspricht, da diese sich teilweise überschneiden können. Die stark kategorische Unterteilung meiner Untersuchungen soll in erster Linie dazu dienen, die affektiven und subjektivierenden Funktionen der Farbe so isoliert und präzise wie möglich untersuchen zu können. Peter Riedel (2007: 103) betont zum Beispiel, dass sich Farben zwar in die Funktion eines Bildes einordnen mögen, jedoch gleichzeitig auf einer anderen Ebene die Aufmerksamkeit auf sich ziehen können, unabhängig vom filmischen Inhalt. Diese unabhängigen Mechanismen können unter anderem mit der Stilisierung ästhetischer Komponenten in Verbindung gebracht werden. Als ästhetische Elemente der filmischen Farbe, welche sich stilisieren lassen, können erwähnt werden: die Struktur oder Textur der Oberfläche (rau, hart, weich, gesteppt, gerippt u. Ä.), die Körnung, die Qualität der Farbe (leuchtend, brillant, opak, matt, glänzend, warm, kalt usw.), das Material (Holz, Glas, Stein, Samt, Seide u. Ä.), der Zustand des Objektes (beschädigt, befleckt, neu, usw.) und die Harmonien und Kontraste.

Bezüglich farblicher Kontraste unterscheidet Johannes Itten (1961: 33) sieben Möglichkeiten: Farbe-an-sich-Kontrast; Hell-Dunkel-Kontrast; Kalt-Warm-Kontrast; Komplementärkontrast; Simultankontrast; Qualitätskontrast; Quantitätskontrast. Es wird zu diesem Zeitpunkt darauf verzichtet, die einzelnen Kontraste genau zu beschreiben, da sie einerseits zum Großteil selbsterklärend sind und sich andererseits am besten anhand von Beispielen erläutern lassen, die in der Analyse vorkommen werden. Vielmehr soll an dieser Stelle erwähnt werden, dass auch Farbkontraste nicht universell sind, sondern historisch verortet. Wie sich der kulturelle Geschmack in Bezug auf die Farbe im Allgemeinen fortwährend verändert,

verändert sich auch die Wahrnehmung von Farbkontrasten. Harmonien und Kontraste in der Farbgebung können dennoch einen wesentlichen Beitrag zur filmischen Atmosphäre leisten. So schreibt Itten (1961: 20): „Sie [nicht harmonische Kombinationen] wirken erregend und aufwühlend in der einseitig betonten Verwendung einer besonderen Farbe und ihres Ausdruckes". Auf ähnliche Weise können auch starke Kontraste in einem bestimmten historischen Kontext irritierend oder aufmerksamkeitslenkend wirken. Im Gegensatz dazu vermitteln harmonische Farbkombinationen eine angenehme, ausgeglichene Stimmung. Harmonien, Disharmonien und Kontraste können also subjektivierend eingesetzt werden, affektive Reaktionen auslösen, die die Reaktionen der Filmfiguren widerspiegeln und angenehme oder unangenehme Gefühle erzeugen und somit die Wirkung einer bestimmten Atmosphäre unterstreichen. Jedoch betont Edward Branigan (2006: 173), dass die Analyse von Farbharmonien Gefahren birgt, da jeder Farbtheoretiker ein anderes System hat und daher auch Farbharmonien anders bewertet. Auf ähnliche Weise existieren auch verschiedene Systeme der Primärfarben (vgl. Branigan 2006: 173).

Material, Struktur und Textur aktivieren die haptischen und sensorischen Qualitäten des Filmbildes und der Filmfarbe. Wie zuvor erwähnt, vervollständigen sie einerseits die Wahrnehmung des Zuschauers und unterstützen andererseits die filmische Atmosphäre. Auch in diesem Fall können diese Komponenten der Filmfarbe eingesetzt werden, um subjektive Gefühle oder Stimmungen der Filmfigur auf die Zuschauenden zu übertragen. Ähnliches gilt für den materiellen Zustand eines Objektes. Auch in diesem Fall sind die haptischen Sinne unmittelbar involviert und stellen nicht nur fest, ob etwas beschädigt oder brandneu ist, sondern fühlen dies auch nach. Ein weiteres Element der Filmfarbe, welches die filmische Atmosphäre und somit die affektive und subjektivierende Wirkung des Films beeinflussen kann, ist die Qualität der Farbe. Als Qualität bezeichne ich hier alle Eigenschaften der Filmfarbe, die über eine einfache Farbbezeichnung hinausgehen. Alle diese Attribute tragen zur allgemeinen Farbwirkung bei und beeinflussen die filmische Atmosphäre, unter anderem indem sie angenehme oder unangenehme Stimmungen hervorrufen, die Aufmerksamkeit der Zuschauer lenken oder die Perspektive einer Filmfigur imitieren. Der bereits erwähnte Einsatz von farbigem Licht, oder farbigen Filtern kann ebenso affektiv oder subjektivierend wirken, indem er beispielsweise die Wahrnehmung einer filmischen Figur simuliert oder den Betrachter auf bevorstehende affektive Höhepunkte vorbereitet. Das zuvor erwähnte *Mood Lighting* kann ebenfalls affektive Reaktionen auslösen, sowohl über Assoziationen und konventionelle Farbgebungen (wie intensives rotes Licht als Zeichen für Gefahr), als auch über direkte somatische Komponenten. Zusätzlich muss der Einsatz von verfremdenden Farben, unter anderem in Form von Farbfiltern oder farbigem Licht erwähnt werden. Auch in diesem Fall werden im Zuschauer assoziative Reaktionen und Affekte ausgelöst, zusammen mit einer möglichen subjektivierenden Wirkung.

5.3. Atmosphärische Dimensionen des Tons. Sensorische Aspekte, Materialien und Klanglichkeit

Der Ton im Film besteht aus drei Ebenen: dem Dialog, den Geräuschen und der Filmmusik. In den meisten Filmen arbeiten diese drei Ebenen gemeinsam an der Bedeutungsvermittlung und an der Erschaffung filmischer Atmosphären. In der vorliegenden Untersuchung werde ich mich jedoch um eine andere Art der Verbindung kümmern: diejenige zwischen Ton und Farbe. Dementsprechend werde ich in meiner Analyse des Tons den Umfang etwas reduzieren, indem ich mich auf die Ebene der Geräusche fokussieren werde.[11]

Eines der größten Probleme der filmwissenschaftlichen Tonanalyse ist, dass es nur schwer möglich ist, den Lesern die genauen Qualitäten bestimmter Töne präzise zu vermitteln. Barbara Flückiger (2001: 100) betont, dass in der deutschen Sprache ein angemessenes Vokabular zur Beschreibung von Tönen fehlt. Aus diesem Grund greift Flückiger (2001: 106) auf lautmalerische Verben im Partizip Präsens zurück, welche den Klang, den sie vermitteln sollen, in sich selbst enthalten. Ein Beispiel: In der zuvor erwähnten Szene in BATMAN BEGINS, in der Bruce Wayne die ‚Batcave' zum ersten Mal betritt, lassen sich die dominierenden Geräusche dementsprechend wie folgt beschreiben: tosend (Wasserfall), tropfend (Wassertropfen), klickend (Kletterausrüstung), knirschend (Schritte), plätschernd (Wasser), flatternd (Fledermausflügel), kreischend (Fledermäuse). Dabei dominieren zu Beginn der Sequenz vor allem die Orientierungslaute, die direkt mit der Höhle assoziiert werden (Tosen, Tropfen, Klicken, Knirschen, Plätschern), während die Ge-

---

[11] Die Ebene der Musik wird dabei im Rahmen dieser Untersuchung ausgeblendet, in erster Linie weil eine Analyse der Filmmusik eine Vielzahl zusätzlicher Ebenen eröffnen würde. Für eine Untersuchung der Rolle der Filmmusik in einem stark affektbetonten Filmgenre empfiehlt sich Frank Hentschels Werk *Töne der Angst. Die Musik im Horrorfilm* (2011).

räusche der Fledermäuse erst graduell eingesetzt werden und gegen Ende der Szene, als eine Schar Fledermäuse Bruce Wayne umfliegt, alle anderen Geräusche verdrängen. Zusätzlich setzt in diesem Moment auch das in allen Filmen der Trilogie wiederkehrende Batman-Thema ein. Die akustische Umgebung und die Filmmusik kollaborieren hier also, um den Höhepunkt der Szene (Bruce stellt sich den Fledermäusen und seiner Angst) zu unterstreichen. Wann immer möglich, wird im Folgenden zur Beschreibung des Tondesigns auf Verben im Partizip Präsens zurückgegriffen.

Die Funktionen des Tons lassen sich dabei grob in narrativ und affektiv oder atmosphärisch einteilen. Als narrative Funktionen verstehe ich diejenigen Funktionen, die zur Struktur und zum Verständnis des Films und des Filminhalts beitragen. Barbara Flückiger schreibt:

> Eine Kardinalfunktion der Tonspur ist es, Kohärenz zu schaffen und die fragmentierten Ausschnitte aus der profilmischen Wirklichkeit in einem übergeordneten Ganzen zu verankern. Damit unterstützt die Tonspur die Orientierung sowohl im raumzeitlichen Geflecht der Handlung als auch in den narrativen Strukturen wie Sequenzen, Szenen, Handlungen, Ereignissen.
> (Flückiger 2001: 298)

Eine Hauptfunktion des Tons auf narrativer Ebene ist das Erschaffen einer akustischen Umwelt zur Charakterisierung von filmischen Räumen, Figuren, Situationen und Genres. Diese akustische Umwelt ermöglicht es den Zuschauern, sich in der filmischen Welt wiederzufinden und zu orientieren. Als Beispiel hierfür lassen sich die typischen Geräuschkombinationen des Westerns nennen, welche sich unter anderem durch folgende wiederkehrende Geräusche auszeichnet: der Wind, der über die Prärie weht, das Getrappel von Pferdehufen, das klicken der Sporen, die Rufe der Cowboys und die Geräusche von Vieherden (vgl. Dyer 2007: 93). Flückiger (2001: 299) hält fest: „Jeder Ort prägt sich als akustisches Bündel von spezifischen Klangobjekten ein". Dies gilt sowohl für allgemeine Schauplätze (‚Stadt', ‚Wald', ‚Bar') als auch für die spezifischen Schauplätze einzelner Filme. Flückiger (2001: 306) wählt für die organisierten Strukturen filmischer Orientierungslaute den Begriff der *Atmosphäre*, was sich in diesem Kontext als problematisch, weil möglicherweise verwirrend, erweist. Um jegliche terminologische Verwirrung zu vermeiden, werde ich den Begriff Atmosphäre weiterhin wie in Kapitel 3 definiert verwenden, während ich für die Strukturen von Orientierungslauten auf den Begriff der *akustischen Stimmung* zurückgreifen werde. Diese Stimmungen, so Flückiger

(2001: 306), sind hochgradig stereotyp sowie funktionalisiert und stellen somit eine schnelle akustische Orientierung seitens der Zuschauenden sicher, auch wenn sie meistens auf nur zwei oder drei Laute reduziert sind. Es kann dementsprechend von einem kulturell bedingten und konventionalisierten Filmtongedächtnis gesprochen werden, welches erlernt wird und während des Seherlebnisses automatisch aktiviert und abgerufen wird. Die Kombination bestimmter Töne in akustischen Stimmungen löst also bei den Rezipienten automatisch Assoziationen und Erwartungen bezüglich des Schauplatzes, des Genres und der Handlung aus. Jedoch können Töne und Geräusche auch bewusst desorientierend eingesetzt werden, eine Funktion, die vor allem im Horrorfilm oder im Thriller auftritt.

Es gibt verschiedene Möglichkeiten für die affektive Manipulation des Zuschauers auf akustischer Ebene. Julian Hanich (2010: 137) geht sogar davon aus, dass dies auf akustischer Ebene wirkungsvoller sei als auf rein visueller Ebene. Als Grund hierfür nennt er, dass es, im Gegensatz zu visuellen Informationen, nicht möglich ist, akustischen Eindrücken zu entfliehen:

> There are two reasons: First: differences on the speed of perception. The ear analyses, processes and synthesizes faster than the eye. [...] Second: auditory perception intrudes awareness not only faster but also more inexorably than visual phenomena. Since we cannot shut our ears quickly, we have less control over the attempted auditory intrusion.
>
> (Hanich 2010: 137)

Mit anderen Worten, der menschliche Organismus reagiert schnell und intensiv auf akustische Stimuli und kann sich außerdem nicht vor ihnen schützen. Zorica Vilotic (2013: 54) betont, dass Geräusche stark instinktiv konnotiert sind, da sie möglicherweise auf Gefahren aufmerksam machen und somit eine schnelle und automatische Reaktion erfordern können. Vor allem Horrorfilme nutzen diese Charakteristika der menschlichen Geräuschwahrnehmung, aber auch andere Genres favorisieren diese in der Lenkung filmischer Affekte. Frank Hentschel (2001: 60) schreibt: „Geräusche kündigen das Grauen an, begleiten die Ereignisse des Schreckens oder werden als Mittel des Psychoterrors eingesetzt". Im Psychothriller wäre es wohl übertrieben von Psychoterror zu sprechen, jedoch ist der Ton durchaus in der Lage, den Zuschauer in eine ungemütliche Situation zu bringen und affektiv zu beeinflussen oder eine Subjektivierung der Zuschauerperspektive zu bewirken. In dieser Hinsicht erweisen sich vor allem folgende Elemente als bedeutsam: unangenehme Töne (schrill, hoch, laut, usw.), nicht zu identifizierende Geräusche, manipulierte, unnatürliche Geräusche (zum Beispiel der Einsatz von Hall, exzessivem Bass oder Verzerrungen) und unklare Tonperspektiven, die es verunmöglichen, den Ursprung eines Geräusches zu lokalisieren.

Barbara Flückiger (2001: 126) spricht im Falle der nicht zu identifizierenden Geräusche von *UKOs*, unidentifizierbaren Klangobjekten, und unterstreicht die affektive Wirkung dieser Klangobjekte: „Das UKO kann man als offenes, indeterminiertes Zeichen verstehen, dessen Vagheit verwundbare Offenheit und gleichzeitig neugierige Spannung erzeugt". Diese Spannung und Neugierde kann die Zuschauenden affektiv vorbereiten auf das, was geschehen wird, und provoziert somit bereits einen Umschwung in der filmischen Atmosphäre. Der *Mood* der Sequenz, um Greg M. Smiths (1999: 113) Begriff zu verwenden, bereitet den Betrachter also auf einen nachfolgenden Moment affektiver Intensität vor. Dieser Umschwung bereitet den Rezipienten nicht nur kognitiv vor, sondern kann sich auch körperlich bemerkbar machen, zum Beispiel durch starke Anspannung. Zusätzlich kann diese Art von Geräusch auch subjektivierend wirken, indem dem Rezipienten vermittelt wird, worauf sich eine Figur in einer Sequenz gerade konzentriert. Auf ähnliche Weise funktioniert der Einsatz von unnatürlichen oder verfremdenden Geräuschen. Auch diese können den Zuschauer affektiv beeinflussen, auf einen dramaturgisch-affektiven Höhepunkt vorbereiten oder für eine Subjektivierung der Perspektive sorgen. Bässe etwa wirken bedrohlich, während hohe Frequenzen die Harmonie einer Sequenz stören können und für ein unangenehmes Hörerlebnis sorgen (vgl. Flückiger: 210, 223). Hall versteht Flückiger (2001: 399) hingegen vor allem als ein Mittel zur Subjektivierung, das in der Hollywood-Tradition bereits seit längerem verwendet wird. Beim Betrachten der Szene aus THE SILENCE OF THE LAMBS, in der Clarice Starling zum ersten Mal Dr. Hannibal Lecter im Hochsicherheitstrakt besucht, wird schnell klar, inwiefern Hall subjektivierend eingesetzt werden kann. Der Korridor zum Hochsicherheitstrakt scheint sich unendlich lang hinzuziehen, als Clarice und Dr. Crawford, Leiter der Klinik, immer tiefer hinabsteigen. Der Hall, welcher suggeriert, dass wir uns in einer Untergrundeinrichtung befinden, begleitet die gesamte Szene, wie auch der wiederholte Einsatz quietschend aufgehender und dumpf zuschlagender Metalltüren. Beide unterstreichen die Gefährlichkeit der Situation und Starlings Angst und Nervosität. Sie ist noch nicht fertig ausgebildet und wird in den Hochsicherheitstrakt geschickt, um mit einem verurteilten Serienmörder und Kannibalen zu sprechen. Die Klangqualität der einzelnen akustischen Elemente dieser Szene beeinflusst demzufolge die Befindlichkeit der Zuschauer, indem sie den Gemütszustand der Figur imitieren und somit eine Angleichung dieser zwei Perspektiven bewirken. Dies ist eine subjektivierende Funktion des Tons, welche in stark affektbetonten Filmgenres oft eine tragende Rolle einnimmt. Diese Sequenz, welche gut veranschaulicht, inwiefern die akustische Umwelt eines Films affektive und subjektivierende Wirkungen auslösen kann, wird im nachfolgenden Teil tiefgehend analysiert werden.

Auch auf der Tonebene lassen sich materielle Qualitäten ausmachen, welche die Wahrnehmung der Rezipienten beeinflussen können. Flückiger betont dabei vor allem die subjektivierende Wirkung der Materialität:

> Die sinnliche Qualität an sich wird zur ästhetischen Aussage nicht nur über das Objekt, sondern auch über die perzeptive Beziehung der Figuren zu den Dingen. Ähnlich wie die Schilderung der Umwelt aus einer latent subjektiven Sicht beinhaltet die feine Nuancierung der materiellen Beschaffenheit eine fast unmerkliche Verschiebung weg von einer objektiven Darstellung hin zu einer perspektivisch gefärbten Wahrnehmung der Dinge und der Umwelt.

(Flückiger 2001: 332)

Die klangliche Ebene alleine reicht folglich aus, um die Perspektive der Zuschauenden der Perspektive einer Figur anzugleichen, da die Materialität der Klangobjekte den Körper der Zuschauenden direkt involviert und in die dargestellte Welt transportiert. Jegliches Geräusch verweist auf die materiellen Eigenschaften der Objekte, die dieses Geräusch hervorgerufen haben und vervollständigt somit das Bild der filmisch dargestellten Welt und die entsprechende Atmosphäre. Das ist ein weiterer Grund dafür, weshalb UKOs so irritierend wirken: es fehlt ihnen die Materialität, es ist nicht klar, welches Objekt sich bewegt und der Zuschauer hat Mühe, diese Klangobjekte in der fiktiven Welt zu verankern. Zusätzlich erweist sich die materielle Basis von Klangobjekten auch auf haptischer Ebene als bedeutsam. Diese materiellen Eigenschaften der einzelnen Materialien, wie zum Beispiel Metall oder Wasser, werden auf taktiler Ebene wahrgenommen und beeinflussen somit auch die affektiven Reaktionen der Zuschauer. Dies geschieht entweder durch erlernte und konventionalisierte Assoziationen (Metall steht für Härte und Aggression, Wasser für Reinheit) oder über die Ebene der Anwandlung. So erzeugt eine Staffelung lauter metallischer Geräusche auch eine gewisse Befindlichkeit, welche die Zuschauenden gleichzeitig affektiv beeinflusst und ihre subjektive Angleichung unterstützen. Im nächsten Kapitel werden sich mehrere Beispiele für diese Art von Mechanismen auffinden.

6. Analyse. THE SILENCE OF THE LAMBS (Jonathan Demme, USA 1991)

6.1. Allgemeines zum Film

THE SILENCE OF THE LAMBS von Jonathan Demme basiert auf dem gleichnamigen Roman von Thomas Harris (1988) und erschien 1991. Im Jahr 1992 gewann der Film die fünf prestigeträchtigsten Academy-Awards und auch finanziell erwies sich der Film als Erfolg. Die Handlung dreht sich um die auszubildende FBI-Agentin Clarice Starling, die auf Dr. Hannibal Lecter angesetzt wird. Der hochintelligente Psychiater Dr. Lecter befindet sich wegen Mordes und Kannibalismus im Hochsicherheitstrakt einer Psychiatrie und könnte, dank seiner Fähigkeit Menschen zu lesen, nützliche Hinweise zu einer aktuellen Mordserie liefern. Buffalo Bill, der jetzige Täter, entführt junge Mädchen fester Statur, tötet und häutet sie und hinterlässt einen verpuppten Totenkopfschwärmer in ihrem Hals. Starling gelingt es, Lecters Interesse zu erwecken und Informationen von ihm zu erhalten, allerdings nur in Form von Rätseln und im Austausch zu persönlichen Informationen über sie selbst. Jedoch kommt sie dank Lecters Ratschlägen der Wahrheit immer näher und erkennt, dass es sich beim Täter um einen selbsthassenden Mann handelt, der denkt, er müsse sich in eine Frau verwandeln und deshalb ein Kleid aus echter Frauenhaut schneidert. Lecter sagt: „Billy hates his own identity. You see, and he thinks that makes him a transsexual. But, his pathology is a thousand times more savage, and more terrifying". Obschon diese Aussage klar darlegt, dass es im Film nicht um einen transsexuellen Mörder geht, wurde der Film nach seinem Erscheinen als transphobisch bezeichnet und wurde zum Gegenstand heftiger Proteste. Clarice schafft es schlussendlich den Täter allein zu stellen und diesen in Notwehr zu erschießen und rettet somit das Leben des letzten Entführungsopfers, der Tochter einer Senatorin.

Wie in Kapitel 2.1. erwähnt, lässt sich das Genre des Psychothrillers in seinem psychologischen Interesse als täterorientiert beschreiben, da sich die Handlung oftmals weniger auf die Lösung des Falles als auf die Psyche des Täters konzentriert. THE SILENCE OF THE LAMBS erweist sich in diesem Sinne als ein leicht atypischer Psychothriller, da das Hauptinteresse des Films sehr wohl der Identifizierung des Täters und der Befreiung des letzten Opfers gilt. Nichtsdestotrotz ist die psychologische Komponente unverkennbar, da sowohl Buffalo Bills Motive als auch Clarice Starlings Psyche und Traumata zur Diskussion stehen. Starlings schrecklichste Kindheitserinnerung, so erzählt sie Lecter, ist das Schreien der Lämmer auf der Farm ihres Onkels, als diese geschlachtet werden. Lecter interpretiert dies als ein Trauma bezüglich ihres Unvermögens den Unschuldigen zu helfen, was Starling auch zu ihrer Karriere beim FBI getrieben habe. THE SILENCE OF THE LAMBS interessiert sich infolgedessen nicht nur für die Psychologie des Täters, sondern fast in größerem Maße für die Psychologie der weiblichen Hauptfigur. Ein weiteres Kennzeichen des Psychothrillers ist das Spiel mit ambivalenten Gefühlen. Diese lassen sich in diesem Film vor allem an der Figur des Dr. Hannibal Lecter festmachen. Lecter erweist sich seit seinem ersten Treffen mit Clarice als durchgehend beängstigende Figur, er strahlt eine unmenschliche und empathielose Kälte aus, welche stark mit Clarice Starlings Helfersyndrom und Einfühlungsvermögen kollidiert. Dennoch erweist er sich als Schlüsselfigur und trägt Beachtliches zur Lösung des Falles bei. Beängstigender ist jedoch, dass sich zwischen Starling und Lecter eine Art Einverständnis und eine Vertrauensbeziehung entwickelt. Starling fürchtet Lecter zwar, aber sie vertraut und glaubt ihm und erzählt ihm sogar von ihren persönlichsten Ängsten. Ähnlich ergeht es den Zuschauenden, die andauernd zwischen Furcht und Faszination oszillieren. Als Lecter die Flucht gelingt, mag man zwar ob der Art und Weise erschauern, jedoch ist es unleugbar, dass der Film den Zuschauer an Lecters Seite platziert. Inga Golde (2002: 10) argumentiert, dass es ebenso irritierend ist, dass der Filmrezipient keinerlei Hintergrundinformationen zu Hannibal Lecter bekommt, außer der kurzen Einführung seitens des Psychiatrieleiters. Er wird als kaltblütiges Monstrum eingeführt und entwickelt sich doch im Laufe des Films zur Helferfigur (vgl. Golde 2001: 9). Golde (2001: 129-130) bezeichnet dies als eine „Verschiebung des Wertesystems", beispielhaft für die Entwicklung des amerikanischen Psychothrillers der 1990er-Jahre: „Die Handlung ist nicht auf die Beziehung einer Täter-Opfer-Figurenkonstellation fokussiert, sondern konzentriert sich vor allem auf die freiwillig und bewusst eingegangene Beziehung zwischen einer Täter- und einer Nicht-Täterfigur". Das heißt, die beiden Figuren begegnen sich nicht nur, sondern sie tun das als Gleichberechtigte, wodurch die gesellschaftlich etablierte Distanz aufgehoben wird (vgl. Golde 2001: 145). Es ist dieses Charakteristikum, welches THE SILENCE OF THE LAMBS von vielen anderen Psychothrillern unterscheidet, und wahrscheinlich auch einen Teil seines Erfolgs erklärt. Diese Konstellation und der Fokus auf diese unübliche Beziehung ist somit nicht nur charakteristisch für den Psychothriller, sondern beeinflusst auch die filmische Atmosphäre dieses Films. Dadurch, dass die Beziehung zwischen Täter und Nichttäter in den Vordergrund gerückt wird und der kannibalistische Täter zum Helfer wird, werden traditionelle und verinnerlichte Werte untergraben. Besonders verstörend ist jedoch das Schwanken von Hannibal Lecters Figur zwischen menschlich und unmenschlich, zwischen Kannibale und Polizeihelfer. Vor allem gegen Ende des Films, als Lecter auf brutalste Art und Weise zu fliehen vermag, werden jegliches Vertrauen, jeder Eindruck von Menschlichkeit und sämtliche Erwartungen, die den Zuschauenden bis zu diesem Zeitpunkt vermittelt wurden, kaltblütig über den Haufen geworfen. Zurück bleibt die wohl grauenhafteste Szene des gesamten Films.

Es ist wohl unter anderem diese ambivalente Darstellung Lecters, die dem Film zum Kultstatus verholfen hat. Tatsächlich wurde die Figur des Hannibal Lecters auch dank Anthony Hopkins' Verkörperung zur Kultfigur – und mit ihr der Film. Hopkins' Postur, seine Mimik und Gestik, aber auch seine Art und Weise zu sprechen und die Geräusche, die er in der Rolle von sich gibt, sind so einzigartig und gruselig, dass sie zu einem der Hauptmerkmale des Films wurden. Bestimmte Momente, wie die erste Begegnung von Lecter und Starling im Verlies, die Art und Weise wie Lecter in Zwangsjacke und Maulkorb zum Treffen mit Senatorin Martin gerollt wird, oder seine brutale Flucht aus der Zelle, mit dem Gesicht eines anderen Mannes auf seinem eigenen, haben sich in die Ikonographie der Filmgeschichte eingebrannt und THE SILENCE OF THE LAMBS zum Kultstatus verholfen. Billy Crystal entschied sich sogar dafür, 1994 seine Academy Awards-Eröffnungsrede damit zu beginnen, dass er im Hannibal Lecter-Stil, inklusive Maulkorb, von zwei als Psychiatriepfleger verkleideten Helfern auf die Bühne gerollt wurde. Doch ist die Figur des kannibalistischen Psychopathen nicht der einzige Grund, wieso der Film Kultstatus erlangte. Die beklemmenden Atmosphären, die pointierten Dialoge und Sprüche, aber auch Buffalo Bills berühmte Tanzszene in seinem Keller sind unvergesslich. Elena Gorfinkel (2008: 36) schreibt interessanterweise:

> Even if cultism in its accepted guises today follows the path of specific genres or trash [...] its driving momentum as an esthetic sensibility still derives from an historical insistence on cinema as an art of shocks, arousals, attractions and repulsions, an experience "beyond all reason" but also reanimated from beyond the grave.

Dementsprechend ist es wohl kein Wunder, dass ein Film mit solch dichten und beängstigenden Atmosphären wie THE SILENCE OF THE LAMBS schnell zum Kultfilm mutierte. Als solcher wurden der Film, und die Figur des Hannibal Lecters, mehrfach wiederaufgenommen, parodiert oder neu interpretiert, so zum Beispiel im Film LOADED WEAPON von 1993 (Gene Quintano, USA), in den Animationsserien THE SIMPSONS oder FAMILY GUY, sowie auch im Musical SILENCE! THE MUSICAL, welches ab 2005 lief. Weitergetragen wurde der Mythos des Hannibal Lecters auch durch die weiteren Thomas Harris-Verfilmungen HANNIBAL (Ridley Scott, USA 2000) und RED DRAGON (Brett Ratner, USA 2002), beide mit Anthony Hopkins, und die Fernsehserie HANNIBAL (2013-2015) mit Mads Mikkelsen in der Hauptrolle.

Die Regie von THE SILENCE OF THE LAMBS übernahm Jonathan Demme, Director of Photography war Tak Fujimoto, die Filmmusik stammt von Howard Shore, verantwortlich für das Tondesign war Skip Lievsay. Bei dem verwendeten Filmmaterial handelt es sich mit großer Wahrscheinlichkeit um Eastman Kodak Color Print Film 5384/7384, welches 1981 erstmals verwendet wurde und bis Anfang der 1990er-Jahre eingesetzt wurde (vgl. *IMDb, ShotOnWhat?, Timeline of Historical Film Colors*).[12]

6.2. Analyse von Schlüsselsequenzen

THE SILENCE OF THE LAMBS zeichnet sich unter anderem dadurch aus, dass die Komposition von Farbe und Ton durchgängig sehr aufwendig und kontrolliert ist. Obschon sowohl das Farbschema als auch das Tonschema auf den ersten Blick oder das erste Hören als nicht besonders auffällig erscheinen, so erweisen sie sich bei genauerer Analyse doch als streng durchkomponiert. Gleichermaßen entpuppen sich beide Gestaltungsmittel als grundlegend in der Gestaltung der filmischen Atmosphären und der Beeinflussung der Rezipienten.

Zu den allgemeinen Charakteristika der Tonspur lässt sich sagen, dass diese nicht nur hochkomplex ist, sondern auch emotionalisierend funktioniert. Barbara Flückiger (2001: 116) schreibt: „Bestückt mit emotional geladenen, suggestiven

---

[12] Mangels an zuverlässigerer Quellen musste an dieser Stelle auf die Internetressourcen *IMDb.com* und *Shotonwhat.com* zurückgegriffen werden, da dies die einzigen auffindbaren Quellen sind, die technische Informationen zu THE SILENCE OF THE LAMBS liefern.

Elementen, schafft sie eine beklemmende Atmosphäre bedrohlicher Unsicherheit und trägt wesentlich zum Kultstatus dieses Films bei". Eines der wiederkehrenden Geräusche in diesem Zusammenhang ist das Geräusch von Metall, überwiegend in Form von Türen, Toren und Schlüsselbunden. Insbesondere werden diese metallischen Geräusche mit der Figur des Dr. Lecter assoziiert, vor allem da diese zum ersten Mal auftreten, als Clarice Starling Lecter im Hochsicherheitstrakt der Psychiatrie aufsucht. Wie zuvor erwähnt, wird in dieser Sequenz das Geräusch von aufgehenden oder zuschlagenden metallischen Türen mehrfach wiederholt, und auch in anderen Szenen, in denen Lecter vorkommt, ist diese Art von Geräusch auffallend präsent. Die metallischen Töne vermitteln dabei Härte und Kälte und beeinflussen die Atmosphäre der jeweiligen Szenen entsprechend (vgl. Flückiger 2001: 353). Auch Buffalo Bill, der gesuchte Serienmörder, wird mit bestimmten Geräuschen assoziiert, und zwar sind dies laut Flückiger (2001: 117) vor allem Geräusche quietschender Türen. Des Weiteren wird auch der Totenkopfschwärmer mit Buffalo Bill in Zusammenhang gebracht, sowohl als visuelles Objekt als auch in Form des flatternden und surrenden Klangs, der von diesem Insekt ausgeht. Ein weiteres wiederkehrendes Merkmal der Tonspur ist der Einsatz von Hall, welcher während des ganzen Films stark subjektivierend eingesetzt und meistens mit Dr. Hannibal Lecter in Verbindung gebracht wird. Besonders prominent ist dies in der bereits erwähnten Psychiatrieszene, in der der intensive Einsatz von Hall die Rezipienten mit Clarice Starlings Gefühlszustand angleicht.

Auf der Ebene der Farbe lässt sich sagen, dass der Film von eher kalten, dunklen und blassen Tönen dominiert wird, während richtig intensive oder brillante Farben weitgehend fehlen. Dies stiftet von Beginn an eine kalte und immer leicht ungemütliche Atmosphäre. Bemerkenswert ist in diesem Kontext, dass der Film regelrecht blutarm ist. Das bedeutet nicht nur, dass im Laufe des Films nur ein paar Mal Blut gezeigt wird, sondern auch, dass, wenn Blut gezeigt wird, dieses auch nicht richtig warm und intensiv ist, sondern ebenfalls eher abgeschwächt und auf irritierende Art und Weise kalt erscheint. In Bezug auf die Farbgestaltung ist zu erwähnen, dass sich nicht nur wiederkehrende Klangobjekte, sondern auch Farbschemas für die einzelnen Figuren erkennen lassen. Clarice Starlings Farbschema besteht aus den Farben Waldgrün, Dunkelbraun sowie Grau und generell erdigen Tönen. Zusätzlich erscheint ihre Haut durchgängig extrem weiß. Buffalo Bills Farbschema orientiert sich hingegen vor allem an den Farben Beige, Senfgelb,

Blassgelb und Hellbraun. Außerdem sind die mit ihm assoziierten Räumlichkeiten oft sehr überladen, vor allem auch mit Textilien, Materialien und Mustern. Hannibal Lecters Farbschema und Umgebung sind den Psychiatrieumständen entsprechend die reduziertesten, aber auch das kältesten. Zu ihm gehören die Farben Stahlblau, Weiß und metallisch-Grau. Eine herausstechende Gemeinsamkeit bezüglich dieser Farbschemata ist, dass alle drei Hauptfiguren sehr intensive stahlblaue Augen besitzen. Dies scheint zuerst Zufall zu sein, jedoch wird diese Augenfarbe im Laufe des Films mehrmals absichtlich betont und hervorgehoben. Es muss jedoch erwähnt werden, dass diese Farbgebung nicht zwangsläufig eine narrative oder sinnstiftende Bedeutung einnehmen muss. Es ist unwahrscheinlich, dass der Film hier über die Augenfarbe der drei Hauptfiguren eine Botschaft vermitteln will, vielmehr scheint die Farbe an sich im Zentrum zu stehen und einen assoziativen Wert mit affektiver Konnotation zu besitzen.

Als letzte wichtige Komponente der filmischen Atmosphäre erweist sich in diesem Film das bereits erwähnte Schauspiel. Anthony Hopkins, der die Rolle des Dr. Hannibal Lecters spielt, dominiert stellenweise ganze Sequenzen durch seine starke Präsenz und schauspielerische Leistung. In der nachfolgenden Analyse wird argumentiert, dass die Atmosphäre in THE SILENCE OF THE LAMBS zu einem großen Teil figurengebunden ist und oft um die Figur Lecters kreist und von ihr abhängig ist. Dementsprechend muss davon ausgegangen werden, dass das Schauspiel diese Wirkung zu einem großen Teil mitträgt. Der Beitrag des Schauspiels zur filmischen Atmosphäre wird im Folgenden jedoch nicht weiter ausgearbeitet.

Nachstehend werden drei Kernsequenzen des Films THE SILENCE OF THE LAMBS analysiert. Es handelt sich um folgende Szenen: das erste Treffen von Clarice Starling und Dr. Hannibal Lecter (08:33-17:42), Hannibal Lecters Flucht (01:11:10-01:15:10) und Clarice Starling findet Buffalo Bill (01:35:22-01:38:47). Diese Szenen wurden für die Analyse ausgesucht, da sie einerseits narrative Höhepunkte darstellen und sich außerdem durch intensive und komplexe filmische Atmosphären auszeichnen. Zusätzlich handelt es sich um drei sehr unterschiedliche Szenen, was es auch erlaubt, die vielfältigen Möglichkeiten der filmischen Atmosphäre darzustellen. Die Sequenzprotokolle der drei Szenen werden am Ende des Buches angehängt.

6.2.1. THE SILENCE OF THE LAMBS. Szene 1: Das erste Treffen (08:33-17:42)

Im Laufe einer Erhebung zu psychischen Verhaltensmustern von Serienmördern wird Clarice Starling von ihrem Vorgesetzten und Ausbildner Jack Crawford zum Baltimore State Forensic Hospital geschickt, mit der Aufgabe, den einzigen bis jetzt nicht kooperierenden Serienmörder dazu zu bringen, den Fragebogen auszufüllen. Es handelt sich um den Kannibalen Hannibal Lecter, welcher seit Jahren im Hochsicherheitstrakt des Psychiatrischen Instituts verwahrt wird. Starling schafft es, sich mit Lecter zu unterhalten, jedoch kommt es zu einer Auseinandersetzung zwischen den beiden, als Starling Lecter unterstellt, Angst vor seiner eigenen Psyche zu haben. Nichtsdestotrotz beginnt Lecter Starling Hinweise zu einem laufenden Fall, den von Buffalo Bill, zu geben. Die Atmosphäre in der Psychiatrischen Klinik lässt sich von Anfang an als unfreundlich beschreiben, jedoch verstärkt sich dieser Eindruck, je mehr Starling in die Tiefe dringt und somit in Lecters Nähe gelangt. Der Abstieg zum Hochsicherheitstrakt wird wie der Eintritt in eine gänzlich andere Welt inszeniert. Signifikant sind vor allem auch die extreme Kälte und bedrohliche Ausstrahlung, die von Lecter und seiner Umgebung ausgehen. Tondesign und Farbgestaltung unterstützen diese Eindrücke maßgeblich.

Auf der Ebene der Farbe werden von Szenenbeginn an die figurenspezifischen Schemata etabliert. Starling trägt einen waldgrünen Wollmantel und zwei braune Ledertaschen und ihr Haar ist ebenfalls dunkelbraun. Zu Beginn der Sequenz (E. 0 und E. 1) lassen sich die meisten Farben in ein neutrales und unauffälliges Farbspektrum eingliedern, so dominieren Farben im Braun- und Graubereich. Im Allgemeinen sind diese Farben satt, eher blass, kalt und matt, wie den gesamten Film hindurch. Nur einige wenige Objekte stechen in ihrer Materialität oder Farbe hervor. Diese Farben bleiben entlang des gesamten Verlaufs der Sequenz dominant. So ist auch der Korridor im Hochsicherheitstrakt in verschiedenen Schattierungen von Braun und Grau gehalten. Was sich verändert ist jedoch die Lichtsetzung, welche in den tieferliegenden Teilen der psychiatrischen Anstalt ein starkes Spiel mit Licht und Schatten erzeugt. Als Starling vor Lecters Zelle ankommt, ändert sich jedoch vieles, da Lecters Zelle von der Farbe Stahlblau dominiert wird. Diese lässt sich als mittleren Sättigungsgrades hell und matt beschreiben. Diese Farbe gehört in erster Linie zu Lecters Anzug, welcher durch den Faltenwurf des Stoffes auch materielle Qualitäten hervorruft, Lecters Augen, welche eine glänzende Qualität besitzen, und der Steinmauer, deren eigentlich graue Farbe sich dem Stahlblau angleicht und dessen Blaustich annimmt. Die Atmosphäre der Szene, welche von Beginn an unangenehm und angespannt war, verändert sich, wird kälter und beunruhigend. Es handelt sich hierbei also um eine Ingressionserfahrung (vgl. Böhme 2001: 46) in eine Atmosphäre mit bestimmten Charakteristika. Von Beginn an wird ein starker Kontrast zwischen Starling und Lecter etabliert, was sich auch darin ausdrückt, dass die vielen Schuss-Gegenschuss-Einstellungen jeweils farblich in zwei Hälften aufgeteilt sind, wobei die linke Bildhälfte gräulich stahlblau ist und klar Lecter zugeschrieben wird, während die rechte Bildhälfte zu Starling gehört und in den Farben Grau, Dunkelbraun, Hellbraun und einem gräulichen Braun gehalten ist. Somit lässt sich von einem wiederholten Farbe-an-sich-Kontrast sprechen, wobei die Farbqualitäten ähnlich bleiben (vgl. Itten 1961: 33ff.). Vergleichbares passiert auch in E. 46 (siehe Abb. 5). Es handelt sich um eine Halbnahe vom Korridor auf Hannibal Lecter und Clarice Starling. Die beiden Figuren sind einander zugewandt, Starling befindet sich jedoch etwas näher an der Kamera. Die Metalleinsätze in der

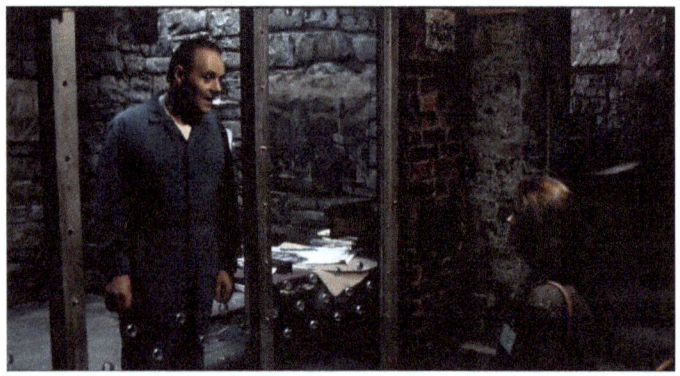

Abb. 5: E. 46 (14:00-14:03), THE SILENCE OF THE LAMBS.

gläsernen Zellenwand teilen das Bild vertikal in mehrere Abschnitte, und der letzte dieser Metalleinsätze und der Beginn der Steinmauer signalisieren die Trennung zwischen Starling und Lecter, welche auch auf farblicher Ebene unterstrichen wird. Während der linke Bildteil, Lecters Bildteil, gräulich-stahlblau erscheint, mit einzelnen hellen (weißen oder beigen) Akzenten, ist Starlings Bildhälfte eher von gräulichen Brauntönen in verschiedenen Schattierungen gekennzeichnet. Diese Umgebungsfarben werden wiederum auch in der Bekleidung und der Haarfarbe der Figuren aufgegriffen.

Analyse. THE SILENCE OF THE LAMBS

In Bezug auf diese Trennung ist ebenfalls bemerkenswert, dass sich Lecters Zelle signifikant von den anderen Zellen im Hochsicherheitstrakt unterscheidet, sowohl in ihrer Größe als auch in ihrer Ausleuchtung und Farbe. Während die Zellen der anderen drei Insassen des Hochsicherheitstrakts klein, nur spärlich ausgeleuchtet und farblich dem Korridor angeglichen sind, ist Lecters Zelle größer, anders gebaut, besser ausgeleuchtet und hebt sich farblich stark von der Umgebung ab. Dieser Eindruck wird auch dadurch betont, dass Lecters Zelle nicht durch Gitterstäbe vom Korridor abgetrennt wird, sondern von einer Glaswand. Diese beeinflusst im Laufe der Sequenz die visuelle Qualität des Filmbildes durch leichte Spiegelungen und Reflexe. Die einzige Gemeinsamkeit der verschiedenen Zellen ist, dass alle Insassen denselben stahlblauen Stoffanzug tragen, jedoch fällt die Farbe des Anzugs erst in Lecters Zelle durch die mehrfache Wiederholung richtig auf.

Auf subjektiv-affektiver Ebene hat diese Trennung zwei Wirkungen: Einerseits wird der Zuschauer Clarice Starlings Perspektive angeglichen und andererseits wird auf stilistischer und affektiver Ebene unterstrichen, was auf narrativer Ebene offen gesagt wird: Hannibal Lecter ist ein Monster. Es handelt sich hierbei um eine Angleichung des Zuschauers an Clarice Starling, welche Lecter als angsteinflößend und einschüchternd empfindet. Die Zuschauerperspektive wird über die Farbgestaltung an Starlings Perspektive angeglichen, und zwar sowohl räumlich (*spatial attachment*), als auch subjektiv (*subjective access*) (vgl. Smith 1994: 41). Somit empfinden die Rezipienten in dieser Sequenz das Unbehagen und die Unruhe, welche auch Starling fühlt, je näher sie Lecter kommt.

Ein Element, das diese Trennung unterstreicht, ist die Materialität dieser Sequenz. Während zu Beginn der Sequenz das einzige wirklich herausstechende Material Holz ist, ändert sich dies im Laufe des Abstiegs als die Steinmauern des Korridors in Erscheinung treten. Die erste Steinmauer erscheint glatt und unbedrohlich, wenn sie auch Assoziationen zu Gefängnissen und Spitälern weckt, doch je näher Starling Lecter kommt, umso verliesartiger werden die Textur und Materialität dieser Mauern. Im Korridor des Hochsicherheitstraktes, welcher wahrlich wie ein Verlies gestaltet ist (wenig Licht, keine Fenster, kahle und raue Steinwände, karge Einrichtung), kulminiert die Materialität der Mauern. Der Effekt ist unangenehm, die Mauer strahlt Kälte und Gefahr aus und wirkt, als ob sie in Lecters Welt gehören würde, denn obschon Lecter ein Insasse ist, scheint er auch der Herr dieses Verlieses zu sein.

Auf affektiver Ebene wird in dieser Sequenz von Beginn an ein gewisser *Mood* eingeleitet, der sich mehr und mehr verstärkt, als die Farben sich verdunkeln und das Licht karger wird. Das Resultat ist eine gewisse Anspannung, die sich auch darin äußert, dass der Rezipient ein furchtbares Ereignis erwartet. Diese Erwartung wird nur zum Teil erfüllt, als Lecter ungefragt eine unvorteilhafte und verletzende psychologische Analyse Starlings vorbringt und, als sie sich wehrt, das Gespräch beleidigt und wütend beendet und ihr droht („A census-taker once tried to test me. I ate his liver with some fava beans and a nice Chianti"). Die Szene erfährt eine weitere Steigerung, als Starling beim Verlassen des Korridors von Miggs, einem weiteren Insassen, mit seinem Sperma beworfen wird, was in Lecter interessanterweise den Reflex auslöst, ihr einen wichtigen Hinweis in Bezug auf Buffalo Bill zu geben. Während der gesamten Sequenz fördert die Farbgestaltung beim Zuschauer affektive Reaktionen des Unbehagens und der Furcht, die vor allem auf die Kälte der Farben, welche die Kälte Lecters widerspiegelt, und deren materielle Eigenschaften zurückzuführen sind. Es handelt sich hierbei also um direkte Affekte, welche über die ästhetische Ebene des Films ausgelöst werden.

Ein sehr wichtiges Merkmal dieser Szene in Bezug auf die Farbgestaltung ist der Einsatz von intensivem rotem Licht. Dieses kommt erstmals in Einstellung 4 zum Einsatz, als Dr. Chilton, der Leiter der Psychiatrie, und Clarice Starling vor einem metallischen Tor darauf warten, Einlass in den Kontrollraum des Hochsicherheitstrakts zu erhalten. Dr. Chilton nutzt die Gelegenheit, um Starling aufzuzeigen, wieso die zahlreichen Sicherheitsvorkehrungen notwendig sind, wenn Dr. Lecter im Spiel ist, und zeigt ihr eine Fotografie einer Krankenschwester, die von Lecter angegriffen wurde. Dr. Chilton:

> I'm going to show you why we insist on such precautions. On the afternoon of July 8, 1981, he complained of chest pains and was taken to the dispensary. His mouthpiece and restraints were removed for an EKG. When the nurse bent over him, he did this to her. The doctors managed to re-set her jaw, more or less, and save one of her eyes. His pulse never got above eighty-five, even when he ate her tongue.

Dieser kurze Monolog ist auf drei Einstellungen verteilt, beginnend bei der bereits erwähnten E. 4. Das rote Licht ist ein schwach motiviertes diegetisches Licht. Zwar ist die Lichtquelle nicht im Bild sichtbar, jedoch lässt sich darauf schließen, dass sie sich am Rahmen des Metalltors befindet, wahrscheinlich um den Beginn des Hochsicherheitstraktes zu signalisieren. Das intensive, satte und verdunkelnde rote

Licht färbt den gesamten Vordergrund von E. 4 rot ein, während der Hintergrund die vorherigen Farben beibehält.

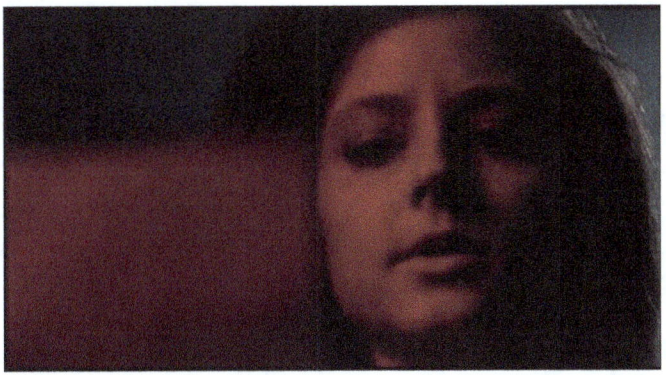

Abb. 6: E. 5 (09:39-09:44), THE SILENCE OF THE LAMBS

Die nachfolgenden zwei Einstellungen, während denen Dr. Chilton auf die Verletzungen der Krankenschwester eingeht, sind hingegen gänzlich rot eingefärbt, während der Hintergrund unbestimmt dunkel bleibt (siehe Abb. 6). Dieses Rot hebt sich auf markante Art und Weise von der übrigen Gestaltungsweise dieser Sequenz und des restlichen Films ab und erscheint umso erstaunlicher weil, wie bereits erwähnt, der Film ansonsten überaus blutarm ist und die Farbe Rot nur selten so intensiv eingesetzt wird. In diesem Fall hat der Einsatz von intensivem rotem Licht vor allem eine subjektivierende und affektive Funktion im Sinne des *Mood Lighting*. Einerseits wird der Zuschauer an Clarice Starlings Perspektive angeglichen, die sich die Fotografie der verletzten Krankenschwester anschauen muss, kurz bevor sie selbst auf Lecter trifft. Interessanterweise geschieht dies, ohne dass die Fotografie den Zuschauenden gezeigt wird. Dies erhöht die Anspannung des Zuschauers und unterstützt die Bildung von Erwartungen. Außerdem erweckt das intensive rote Licht Assoziationen mit Blut und Gewalt, wodurch es einen erschreckenden affektiven Effekt hat. Dieser Affekt lässt sich als Kombination aus direktem und indirektem Affekt bezeichnen, da einerseits die Farbe an sich durch ihre Intensität und Unerwartetheit einen direkten Affekt auslöst, welcher jedoch durch die zuvor erwähnten Assoziationen (indirekter Affekt) verstärkt und unterstützt wird. In diesem Fall ist das rote Licht das ästhetische Element, welches über eine Assoziation einen kurzen, aber unangenehmen Affekt des Schreckens auslöst, der von Anspannung und einem mulmigen Gefühl in der Magengegend begleitet wird. Bedeutsam ist in diesem Kontext auch die Schwellenfunktion, die dieses Licht und das so beleuchtete Tor einnehmen. So markiert dieser diegetisch kaum motivierte und sehr intensive Einsatz von rotem *Mood Lighting* einen Übergang: Das Übertreten dieses Tors signalisiert nicht nur den Übertritt in den Hochsicherheitstrakt, sondern auch das Eintreten in eine bedrohliche und angsteinflößende Unterwelt, die Starling ohne jegliche Hilfe betreten und in der sie sich behaupten muss.

Die Tonspur dieser Sequenz erscheint in einem ersten Moment unauffällig, erweist sich jedoch bei genauem Hinhören als äußerst komplex. Das herausstechendste Geräusch ist wohl jenes der metallischen Türen und Tore, welches vor allem im ersten Teil der Sequenz wiederholt auftaucht. Starling und Chilton müssen, um den Hochsicherheitstrakt zu erreichen, verschiedene Türen und Tore, außer den ersten zwei allesamt aus Metall, überschreiten, was natürlich auch eine symbolische Bedeutung für die Narration des Films hat. Jedes dieser Metalltore muss geöffnet und wieder geschlossen werden, die meisten manuell von einem Wärter, einige automatisch auf Knopfdruck. In jedem Fall erklingt ein metallisches Geräusch (meistens zwischen quietschend, schleifend, schabend und zuknallend). Das heißt, es findet in dieser Sequenz eine Staffelung von ähnlichen metallischen Geräuschen statt. Flückiger (2001: 118) spricht von einem „musikalisch anmutenden Kompositionsprinzip mit Thema und Variationen".

Diese Staffelung durchdringender metallischer Geräusche hat verschiedene Effekte auf den Rezipienten. Auf einer ersten, symbolisch-narrativen Ebene spiegelt die Tonspur hiermit Clarice Starlings Abstieg zum Monster wider, wodurch ihre Angst und Unsicherheit vor dem, was sie erwartet, unterstrichen und immer wieder aufs Neue aufgerufen wird. Auf der Ebene der Subjektivierung fördert die Staffelung dieser unangenehmen Geräusche wiederum die Angleichung des Zuschauers an Starlings Perspektive. Und auf der physiologischen und affektiven Ebene löst jeder Knall einen kleinen Schrecken aus, der den Aufbau des zuvor erwähnten *Moods* und der damit einhergehenden Erwartungen unterstützt (direkter Affekt). Diese metallischen Geräusche werden auch mit anderen Objekten wiederaufgenommen, wie dem Geräusch von Schlüsselbunden oder dem metallischen Klacken eines Schlüssels im Schlüsselloch. Sogar während der Unterhaltung von Lecter und Starling sind im Hintergrund ab und an ein metallisches Schlagen und Klicken unbekannten Ursprungs zu hören, sowie auch zuschlagende Metalltüren. Der Rezipient wird über die Tonspur in dieselbe beklemmende und furchterregende Situation wie Starling geführt und übernimmt somit ihre Perspektive. Im Kontrollraum angelangt, kommen weitere Geräusche hinzu, vorwiegend Maschinengeräusche. Ein regelmäßiges Piepsen unbekannten Ursprungs, wahrscheinlich von einer der Maschinen, ruft das typische Geräusch eines Herzmonitors hervor, während der metallisch rauschende Polizeifunk Assoziationen mit Verbrechen und Gefahr auslöst. Der Zuschauer ist gänzlich bei Starling und ihrer Empfindung der Situation, ein Eindruck, der auch durch einen stark subjektiven Kameraschwenk unterstützt wird (E.12).

Zu diesem Eindruck tragen auch die vielen Hintergrundgeräusche bei. Das prominenteste Hintergrundgeräusch ist unbekannten Ursprungs (UKO) und lässt sich als ein atmosphärisch hallendes, tosendes, donnerndes und brummendes Geräusch beschreiben, welches im Laufe der gesamten Sequenz mal stärker und mal schwächer im Hintergrund zu hören ist. Das Geräusch ist irritierend, einerseits wegen seiner unklaren Natur – es handelt sich offensichtlich nicht um ein einzelnes diegetisches Objekt – und andererseits, weil es in seiner Klanglichkeit ein durchaus ungemütliches Geräusch ist, welches stark zur Bildung einer furchteinflößenden Atmosphäre beiträgt. Außerdem evoziert dieses unbekannte Hintergrundgeräusch filmspezifische Konventionen aus dem Horrorfilm. Die anderen Hintergrundgeräusche sind zum größten Teil weniger irritierend und verschiedenster Natur: menschliche Geräusche (Keuchen, Husten, Schimpfen), Geräusche von Maschinen (Piepsen eines Geräts, Polizeifunk, Drucker), automatische Türen. Jedoch sind während der Unterhaltung zwischen Starling und Lecter auch Geräusche zu hören, deren Ursprung und Funktion nicht gänzlich klar sind. Das ist zum Beispiel das Geräusch von entfernt und leise tropfendem Wasser, welches in der gesamten Sequenz viermal zu hören ist (E. 31, E. 42, E. 45, E. 46). Dieses Geräusch lässt sich als stereotypes Element beschreiben, welches sich in einer Vielzahl von Filmen in ähnlichen Zusammenhängen wiederfinden lässt. Im Allgemeinen lässt sich das Geräusch von leise tropfendem Wasser mit dunklen und unübersichtlichen Orten in Verbindung bringen, wobei es ein Gefühl der Desorientierung unterstreicht. Dieses leise Tropfen ist einerseits Teil der akustischen Stimmung und weist darauf hin, dass es sich beim Hochsicherheitstrakt tatsächlich um ein verliesartiges Konstrukt handelt, welches sich tief in der Erde befindet. Andererseits weckt dieses stereotype Geräusch Assoziationen mit einer ganzen Reihe von ähnlichen Filmsituationen, was in den Rezipienten eine Erwartungshaltung und entsprechende affektive Reaktionen auslöst (indirekter Affekt). Diese wiederholten und verschiedenen Hintergrundgeräusche charakterisieren einerseits diesen Ort, und unterstützen andererseits durch ihre Klanglichkeit die ungemütliche Stimmung dieser Sequenz, was zur Bildung einer entsprechenden Atmosphäre beiträgt.

Dasselbe lässt sich in Bezug auf die Materialien sagen. Das häufigste Material, das sich in dieser Sequenz auf der Klangebene bemerkbar macht, ist Metall. Auf der einen Seite ruft der Klang dieses Materials das Bild verschiedenster Arten von Gittern und Toren hervor, was die Natur dieses Ortes unterstreicht. Denn obschon es sich hierbei um eine Psychiatrie handelt, erinnert das gesamte Setting der Szene stark an ein Gefängnis. Auf der anderen Seite impliziert die Klanglichkeit dieses Materials, welches meist unangenehme und schrille Töne produziert, immer auch die Härte und Kälte des Materials (vgl. Flückiger 2001: 353). Somit steuert hier die Materialität dieses bestimmten akustischen Elements ebenfalls zur kalten und furchterregenden Atmosphäre bei, die diese Sequenz zu erschaffen vermag.

Ein herausstechendes Geräusch mit Kultstatus ist jenes, das Hannibal Lecter in Einstellung 78 von sich gibt. Es handelt sich um ein schwer zu beschreibendes Geräusch, das sich am ehesten als schlürfend bezeichnen lässt, wobei sich eine deutlich animalische und wilde Komponente feststellen lässt. Das Geräusch folgt auf die bereits erwähnte Aussage „A census-taker once tried to test me. I ate his liver with some fava beans and a nice chianti" und hat das explizite Ziel, Clarice Starling zu erschrecken und ihr bewusst zu machen, mit wem sie es zu tun hat. Das Geräusch erweist sich als furchterregend, vor allem weil es sehr unerwartet ist und nicht menschlich erscheint. Es handelt sich hierbei um eines der Elemente, die Hannibal Lecter, in der Version von Anthony Hopkins, zu einer Kultfigur machten und auch dementsprechend viel kopiert und parodiert wurde.

Ein letztes erwähnenswertes Element in diesem Kontext ist der durchgehende und intensive Einsatz von Hall. Dieser hat einerseits eine orientierende Funktion und verweist darauf, dass es sich bei dem Hochsicherheitstrakt um ein karges und tief im Untergrund angesiedeltes Verlies handelt. Bereits auf dieser Ebene unterstützt der starke Hall somit das ungute Gefühl, das Clarice Starling und die Zuschauenden beschleicht, je tiefer hinab sie sich begeben. Auf einer weiteren Ebene wird der Hall klar subjektivierend eingesetzt. Flückiger (2001: 399) argumentiert, dass sich bereits im klassischen Hollywood der Einsatz von Hall als Mittel zur Subjektivierung durchgesetzt hat. Der Vorteil von Hall gegenüber anderen Mitteln zur Subjektivierung, so Flückiger (2001: 400) ist der folgende: „Das Auseinanderklaffen von visueller und auditiver Raumwahrnehmung bringt das Sicherheitsgefühl ins Wanken, weil es sich von der Alltagswahrnehmung signifikant unterscheidet". Das heißt, der Hall unterstützt nicht nur die Angleichung der Zuschauerperspektive an die von Clarice Starling, sondern untergräbt auch das Sicherheitsgefühl der Rezipienten, wodurch diese auf affektiver Ebene beeinflusst werden. Die akustische Stimmung der gesamten Sequenz, welche sich in erster Linie aus den Hintergrundgeräuschen, den prominenten metallischen Klängen und dem Hall zusammensetzt, lässt sich also als vielfältig und komplex beschreiben. Diese Vielfältigkeit des Tondesigns hat zusätzlich auch eine immersive Wirkung, wobei die Rezipienten von einer Vielzahl an auditiven Elementen überflutet werden, was das allgemeine Gefühl der Desorientierung stützt.

Diese Sequenz, welche sich sehr früh im Film befindet, legt den Ton für den weiteren Verlauf fest. Die Gestaltung einer unangenehmen und furchterregenden Atmosphäre in Zusammenhang mit der Figur des Dr. Hannibal Lecters ist dabei zentral. Lecter, welcher sich im weiteren Geschehen als viel wichtiger als der eigentliche Bösewicht Buffalo Bill entpuppt, wird hier als kalter, empathieloser Mensch eingeführt, welcher andere außerordentlich gut lesen kann, aber eingeschnappt reagiert, wenn sich ihm jemand entgegenstellt, vor allem eine junge Frau. Auf der stilistischen Ebene werden die zu Lecter gehörenden Farben und Geräusche etabliert, und somit auch die ihn umgebende Atmosphäre. Wenn sich die Atmosphäre, wie von Gernot Böhme (2001: 52) argumentiert, nur durch die Affekte, die sie auslöst, beschreiben lässt, dann handelt es sich hier um eine unangenehme und furchterregende Atmosphäre, welche den Rezipienten dazu bringt, seinen Wahrnehmungsstandpunkt dem der sehr verunsicherten und nervösen Clarice Starling anzugleichen. Es sind Affekte des Schreckens und der Angst, die erzeugt werden, gepaart mit einem instinktiven Gefühl der Ablehnung gegenüber diesem Ort und dessen Bewohnern, allen voran Hannibal Lecter. In dieser Sequenz lässt sich außerdem der Beginn der äußerst ambivalenten Gefühle seitens der Zuschauer und Clarice Starling gegenüber Hannibal Lecter festmachen, welche den weiteren Verlauf des Films maßgeblich beeinflussen werden. Auf dieselbe Weise wie Starling bemerken die Zuschauenden die Kälte und die Bedrohung, die von Dr. Lecter ausgehen, und auf dieselbe Weise sind sie fasziniert von ihm.

6.2.2. THE SILENCE OF THE LAMBS. Szene 2: Hannibal Lecters Flucht (01:11:10-01:15:10)

Nachdem Hannibal Lecter von Senatorin Martin, der Mutter des letzten Entführungsopfers von Buffalo Bill, einen Deal angeboten bekommt, aber diesen platzen lässt, wird er an einen neuen provisorischen Ort versetzt. Lecters neue Zelle befindet sich im dritten Stock eines nicht weiter beschriebenen offiziellen Gebäudes. Es handelt sich um eine freistehende Zelle aus metallischen Gitterstäben und einem Holzboden in einem großen, nicht näher definierten Raum. Der Holzboden wirkt durchgängig bühnenhaft und scheint von Beginn an darauf hinzuweisen, dass sich an diesem Schauplatz etwas Sehenswertes abspielen wird. Während Lecter in der Zelle Musik hört (Bachs Goldberg-Variationen), nähern sich zwei Polizeibeamte mit einem zweiten Abendessen für Lecter. Dieser nutzt die Gunst der Stunde und benutzt einen von Dr. Chilton entwendeten Kugelschreiberclip, um eine äußerst gewalttätige Fluchtaktion auszuführen, wobei er den ersten Polizeibeamten mit seinem eigenen Schlagstock zu Tode prügelt und im späteren Verlauf des Films das abgetrennte Gesicht des anderen Polizisten als Maske für sich selbst benutzt.

Die Sequenz beginnt äußerst harmlos. Die barocken Variationen von Bach wirken unschuldig und spielerisch und lassen nicht auf das Grauen schließen, das sich in Kürze abspielen wird. Jedoch schlägt die Stimmung schnell um, als der Zuschauer bemerkt, dass Lecter den Standort seiner neuen Zelle auszunützen gedenkt. Der Kugelschreiberclip mit dem Lecter seine Handschellen öffnet, leuchtet metallisch-golden und sticht somit aus der ansonsten sehr dezent gehaltenen Umgebung heraus. Von dem Moment an als der Zuschauer den Clip sieht, beginnt sich eine angespannte Stimmung aufzubauen. Die extradiegetische Themenmusik, die in Einstellung 13 einsetzt und die die diegetische Musik verdrängt, unterstützt den Spannungsaufbau und das Grauen, das von den Geschehnissen im Bild ausgeht. Je fortgeschrittener die Sequenz, umso grauenhafter und brutaler wird sie, und mit ihr ihre Atmosphäre.

Bevor ich auf die Farbgestaltung und das Tondesign dieser Sequenz zu sprechen komme, scheinen mir einige andere Gestaltungsmittel erwähnenswert. Die relativ kurze Sequenz (vier Minuten) ist auf 32 Einstellungen verteilt, wobei Einstellungen 13-30 alle nur zwischen einer und drei Sekunden andauern. Das bedeutet, ab dem Moment als Hannibal Lecter Sergeant Boyle die Handschellen anlegt, wird die

Schnittfrequenz sehr hoch (durchschnittlich ein Schnitt alle zwei Sekunden). Parallel dazu wechselt auch die Kameraposition und -perspektive von Einstellung zu Einstellung. Die hohe Schnittfrequenz und die vielen wechselnden Kamerapositionen führen dazu, dass eine sehr hektische und umso angsteinflößendere Atmosphäre kreiert wird, bei der der Eindruck entsteht, Hannibal Lecter sei überall und unaufhaltbar. Erst gegen Ende der Sequenz verlangsamt sich die Schnittfrequenz, und der Film verweilt acht Sekunden lang auf Hannibal Lecter, der mit dem Schlagstock auf Sergeant Boyle einschlägt und von dessen Blut besprizt wird (E. 31). Interessanterweise zeigt diese Einstellung nur Hannibal Lecter und nicht das Grauen, das im Off-Raum geschieht. Jedoch erweist sich diese Auslassung von Schlüsselinformationen als noch beängstigender, da sie die Imagination der Zuschauer anstachelt, die über die vorhandenen Informationen, wie das spritzende Blut und die akustische Umwelt, das Grauen im Off-Raum rekonstruieren müssen. Als weiteres wichtiges Element stellt sich die bereits erwähnte extradiegetische Musik heraus, welche stark emotionalisierend wirkt und die Brutalität von Lecters Handlungen unterstreicht.

Die Farbgestaltung lässt sich in dieser Sequenz wiederum als tendenziell unauffällig bezeichnen. Da der große Raum, abgesehen von Lecters Zelle, fast nicht beleuchtet ist, erscheinen die meisten Farben, welche sich ohnehin im Braunspektrum befinden, als eher dunkel. Dominierend sind Braun- und Beigeschattierungen, mit einigen wenigen farbigen Details. Zum einen lässt sich auf der Wand im Hintergrund ein rotgelb gestreiftes Muster erkennen, zum anderen sind da die Farben in Lecters Teller. Abgesehen davon sind die meisten farblichen Akzente metallisch-silbern und -golden oder weiß. Die farbliche Gestaltung der Szene ist also unauffällig, wenn nicht sogar unbunt, und nichts lässt darauf schließen, dass sich das ändern könnte. Kurios erscheint, dass Hannibal Lecter von Kopf bis Fuß in Weiß gekleidet ist. Die Farbe Weiß, ansonsten die Farbe der Unschuld und der Reinheit, wird hier mit einem Serienmörder und Kannibalen in Verbindung gebracht. Schon bald bedecken jedoch Blutspritzer die Kleidung und das Gesicht Lecters. Die Farbe Weiß und das Rot des Bluts, die in dieser Sequenz zweifelsohne mit Gewalt und Tod verbunden werden, nehmen beide eine symbolische und affektive Funktion ein. Während das Weiß von Lecters Kleidung auf symbolischer Ebene zu Beginn noch die Illusion der Harmlosigkeit vermitteln mag, unterstützt dadurch, dass Lecter in der Zwischenzeit zu einer Bezugsperson von Clarice Starling geworden ist, steht das Rot des Bluts symbolisch für die Gefahr und Brutalität, die von dieser Figur ausgeht. Auf affektiver Ebene löst die immer größer werdende Blutmenge hingegen automatisierte Ekel- und Schreckensaffekte aus, welche die Grausamkeit des Geschehens unterstreichen. Hierbei lässt sich in erster Linie von einem indirekten Affekt, ausgelöst durch ein Vorwissen (die Bedeutung großer Blutmengen), sprechen, obschon die intensive rote Farbe, welche sich stark von ihrem Umfeld abhebt, sicherlich auch einen Beitrag leistet und den Affekt um eine direkte, das heißt ästhetische, Komponente erweitert.

Die rote Farbe des Bluts erweist sich in dieser Sequenz als wichtiges atmosphärisches Element. Als einzige wirkliche warme und intensive Farbe schleicht sich die Farbe des Bluts in die ansonsten sehr farbenarme Umgebung, entsprechend Lecters Gewaltausbruch, der die Harmlosigkeit der Umgebung durchbricht. In diesem Sinne lässt sich also von einem Qualitätskontrast oder Pop-Out-Effekt sprechen. Wie zuvor erwähnt, ist THE SILENCE OF THE LAMBS ein ansonsten sehr blutarmer Film und in der Tat ist dies die einzige Sequenz, in der Blut in dieser Menge zu sehen ist.

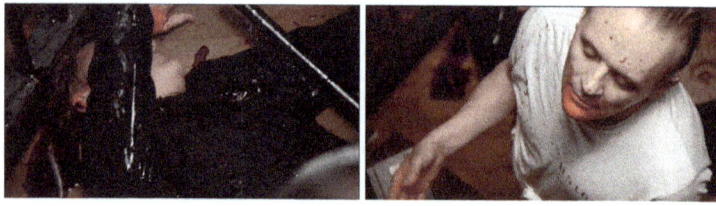

Abb. 7 und 8: E. 32 (01:14:13-01:15:10), THE SILENCE OF THE LAMBS.

Dies ist ein weiterer Grund dafür, weshalb die Gewaltexplosion, die Lecters Flucht begleitet, so schockierend wirkt und einen starken Abwehraffekt auslöst. Interessant ist, dass das Blut dieser Szene farblich nicht immer den Erwartungen entspricht. Wie die obigen Bilder zeigen, ist das Blut sowohl sehr durchsichtig und stark glänzend als auch ins Orange tendierend, als ob es zu dünn wäre. Dies hat einen irritierenden Effekt, welcher, zusammen mit dem Ekel- und Schreckensaffekt, den die Szene ohnehin bereits hervorruft, die Situation noch unangenehmer macht.

Ein Element, das in dieser Sequenz wiederauftaucht, ist das Material Metall. Sowohl auf akustischer als auch auf visueller Ebene dominiert das Metall die Gestaltung der Szene. Aus Metall sind unter anderem die Gitter von Lecters Zelle, das

Tablar, auf dem sein Essen gebracht wird, das Besteck, der Schlüsselbund, die Handschellen, die Abzeichen der Polizeibeamten und der Kugelschreiberclip. Die meisten dieser Objekte sind silbern, einige wenige golden. Die metallischen Objekte sind über den gesamten filmischen Raum verteilt und akzentuieren fast jede Einstellung durch ihren metallischen Glanz. Somit wird eine Verbindung erschaffen zu vorhergehenden Szenen mit Hannibal Lecter und zu der zuvor erwähnten Kälte und Empathielosigkeit, die von ihm ausgeht. Nicht nur scheint das Material Metall eindeutig zu Lecter zu gehören, sondern es dient auch dazu, einen gewissen *Mood* einzuführen. Es ist sicherlich kein Zufall, dass die wichtigen Objekte dieser Szene aus Metall sind, denn sie erwecken im Zuschauer ein Gefühl für Lecters Kälte und tragen somit maßgeblich zur Atmosphäre der Sequenz bei. Einerseits suggeriert das Material auf symbolischer Ebene Aggression und Gewalt, andererseits erzeugen seine spezifischen haptischen Qualitäten Kälte und Härte affektive Reaktionen im Rezipienten. Das Material Metall ist demzufolge affektiv kodiert, da es automatisch damit assoziiert wird, was Lecter zu tun in der Lage ist. In diesem Sinne lässt sich hier von einem indirekten, durch filminterne Lenkung bezüglich der Verbindung von Figur und Material, evozierten Affekt sprechen. Hannibal Lecter erweist sich in dieser Szene als wahrhaftiger Soziopath, welcher keinerlei Mitgefühl für andere Menschen empfindet und somit in der Lage ist, ihnen Schreckliches anzutun.

Auf akustischer Ebene ist das Geräusch von Metall ebenso allgegenwärtig. Zwar kann man in diesem Fall weniger von einer Staffelung ähnlicher Geräusche sprechen, jedoch wiederholen sich hier verschiedene Geräusche, welche bereits in der vorhergehenden Szene zu hören waren. Unter anderem sind dies das Geräusch von auf- oder zuschlagenden Metalltüren, das Klimpern eines Schlüsselbundes und das Klacken eines Schlüssels im Schlüsselloch. Infolgedessen wird auch auf der akustischen Ebene eine Verbindung zur ersten Szene im Hochsicherheitstrakt und der dann erfolgten Charakterisierung Lecters geschaffen. Weitere auffällige Geräusche sind das Klappern des Porzellantellers auf dem Metalltablar und das hölzerne Klopfen des Schlagstocks, als Sergeant Boyle diesen Sergeant Pembry übergibt.

Als wichtiger erweisen sich jedoch in dieser Sequenz die vielen Geräusche menschlichen Ursprungs, wie die starke Atmung Lecters oder das Gurgeln und Schreien seiner Opfer. Besonders auffällig sind diese in der bereits erwähnten E. 31. Während Lecter auf Sergeant Boyle einprügelt, werden die meisten Geräusche ausgeblendet, bis nur noch die schwere, animalische Atmung Lecters zu hören ist.

In diesem Kontext kann man von einer *Vergrößerung* sprechen bei der ein bestimmtes akustisches Element gegenüber seiner Umgebung hervorgehoben wird, indem seine Lautstärke erhöht wird (vgl. Flückiger 2001: 404-405). Daraus ergibt sich ein verfremdender und, in diesem Kontext, beängstigender Effekt. Dadurch, dass dieses Geräusch so stark hervorgehoben wird, während die Kamera gleichzeitig auf Lecters Gesicht zufährt, entsteht ein fast hypnotischer Effekt, wobei sich die Zuschauer unmöglich der Grausamkeit dieser Szene entziehen können. Dementsprechend unterstützt der Einsatz von Vergrößerung in dieser Szene auch die intensive Subjektivierung des Zuschauers. Frank Hentschel (2001: 79) unterstreicht, dass Körperlaute wegen ihrer Semantik eine zentrale Rolle im Film spielen. Er schreibt: „Nicht nur im Horrorfilm ist die Hervorhebung von Körperlichkeit unvermeidlich auch immer eine Hervorhebung von Verwundbarkeit. Das Lebendige ist verletzlich" (2001: 80). Einerseits unterstreichen diese Geräusche also die menschliche Verletzbarkeit und demzufolge die Sterblichkeit. Andererseits möchte ich jedoch auch argumentieren, dass die Geräusche, die Lecter in dieser Szene von sich gibt, dazu dienen, ihn von anderen Menschen abzutrennen. Nicht nur empfindet Lecter keinerlei Sympathie oder Empathie für andere Menschen, er grenzt sich auch bewusst von ihnen ab, da er sich selbst als überlegen sieht, was es ihm wohl überhaupt erlaubt, die Körperteile anderer Menschen zu essen. Was jedoch in dieser Szene geschieht, ist eine Angleichung von Lecter an ein Tier, was sich zum einen durch sein wildes und ungezähmtes Verhalten ausdrückt und zum anderen durch die animalischen Laute (Knurren, Fauchen), die er von sich gibt. Der Kontrast zu dem Lecter, den wir, die Zuschauer, bis zu diesem Moment kennen, könnte nicht größer sein. Ein hochintelligenter Mann, ein Liebhaber der Kunst und der gehobenen Konversation verwandelt sich vor unseren Augen in einen mörderischen Psychopathen, der einem anderen Menschen das Gesicht zerbeißt und ihm nachher die Gesichtshaut abtrennt. In dieser Szene wird also vollzogen, was in der vorherigen Szene in Form des schlürfenden Geräusches nur angekündigt wurde. Die affektive Wirkung dieser akustischen Umwelt und der begleitenden Bilder kann nur als grauenerweckend und verstörend beschrieben werden. Erwähnenswert ist in diesem Kontext auch das allzu prominente Geräusch des dumpf auf den Körper von Sergeant Boyle einschlagenden Schlagstockes und des spritzenden Bluts, Geräusche, die in dieser Szene ebenfalls leicht vergrößert auftreten und somit in ihrem Effekt intensiviert werden und als umso grauenerweckender wahrgenommen werden.

Einstellung 31 erweist sich in diesem Kontext als besonders grauenhaft. In dieser Acht-Sekunden-Einstellung befindet sich die Kamera in Untersicht vor Lecter und fährt langsam auf sein Gesicht zu. Lecter prügelt mit dem Schlagstock auf Sergeant Boyle ein, der immer noch mit den Handschellen an die Gitterstäbe angekettet und absolut wehrlos ist. Boyle ist nicht im Bild zu sehen und interessanterweise auch nicht zu hören. Auf der akustischen Ebene dominiert einerseits das Geräusch des Schlagstocks und des spritzenden Bluts und andererseits Lecters Stöhnen, welches sowohl als Ausdruck der Anstrengung als auch insbesondere des Genusses interpretiert werden kann. Die Kamerafahrt auf Lecters Gesicht unterstreicht diese Fokussierung. Die roten Blutspritzer stehen hingegen stellvertretend für das Grauen, welches im Off passiert. Der Zuschauer ist also in einer Art der Subjektivierung gefangen, bei der er über die Tonspur und die Kameraperspektive mit der Figur angeglichen wird. Dass es sich dabei um die Figur des Mörders handelt, macht diese Einstellung, und die gesamte Sequenz, noch grauenvoller. Der Effekt dieser Szene ist schlussendlich der, die Furcht und Ablehnung des Zuschauers zu verstärken, was interessanterweise durch diese sehr unangenehme Art der Subjektivierung geschieht. Es handelt sich hierbei also um ein gutes Beispiel für eine Art von Subjektivierung, bei der die Zuschauenden die betreffende filmische Figur nicht nur, wie Hanich (2010: 104) schreibt, moralisch unvertretbar finden, sondern sie sich regelrecht dagegen sträuben, mit dieser Figur assoziiert zu werden. Die einzige versichernde oder positive Eigenschaft dieser Art des *alignments* ist, dass es sich nur um *spatial attachment* und nicht um *subjective access* handelt (vgl. Smith 1994: 41). Denn obschon die Rezipienten in diesem Fall keine andere Wahl haben, als sich auf Lecter zu fokussieren, und sowohl auf der akustischen als auch auf der visuellen Ebene gänzlich von ihm eingenommen werden, bietet der Film nach wie vor keinen Zugang zu Lecters Psyche. Wir beobachten zwar, wie er zwei unschuldige Männer quält, an ihrem Gesicht nagt und sie zu Tode prügelt, aber wir haben absolut keinen Einblick darin, was während dieses Gewaltausbruches in ihm vorgeht. Während also die akustische Stimmung dieser Szenen bestenfalls reduziert ist, sind es vor allem einzelne intensive Geräusche, die die akustische Gestaltung dominieren und starke affektive Reaktionen auszulösen vermögen.

Die Atmosphäre dieser Sequenz übertrifft in ihrer Grausamkeit und Brutalität alle vorangehenden Sequenzen von THE SILENCE OF THE LAMBS. Obschon Hannibal Lecter bereits zuvor als kalt, empathielos und gefährlich charakterisiert wird, geht diese Szene noch einen Schritt weiter, denn Lecter verliert hier seine Menschlichkeit. Die Handlung ist grausam und furchterregend, und dasselbe gilt für die Ebene der Farbgestaltung und des Tondesigns. Die Kombination aller Elemente erzeugt mehrere Affekte: Ekel bezüglich des Geschehens und folglich eine abweisende Haltung gegenüber der Figur von Lecter sowie der Schrecken (Schock) über seine Brutalität. Je fortgeschrittener die Sequenz, umso erdrückender und grauenvoller wird die Atmosphäre. Interessant ist in diesem Zusammenhang die letzte Einstellung (E. 32), welche sich durch ein unheimliches Gefühl der Ruhe beschreiben lässt. Die diegetische barocke Musik ist wieder zu hören, während die extradiegetische Filmmusik langsam ausgeblendet wird. Die Hektik der vorhergehenden Einstellungen und der hohen Schrittfrequenz wird durch eine lange Einstellung (57 Sekunden) mit nur sanften und langsamen Kamerabewegungen und -fahrten ersetzt. Der Effekt ist irritierend, denn auf formaler Ebene suggeriert die Einstellung, dass alles, was zuvor geschehen ist, nie passiert sei, während auf bildinhaltlicher Ebene klar Sergeant Boyles malträtierter Körper und die große Blutlache neben ihm zu sehen sind. Hannibal Lecter scheint ebenfalls wieder bei sich selbst zu sein, ganz ruhig und andächtig lauscht er den Kompositionen Bachs, bevor er aus dem Bild tritt, um sich um den noch lebenden Sergeant Pembry zu kümmern. Obschon die Einstellung betont ruhig gestaltet ist, sitzt der Schock der vorhergegangenen Brutalität tief. Besonders schockierend ist, dass die Zuschauenden nun gesehen haben, wozu Hannibal Lecter fähig ist, was ihre Einstellung ihm gegenüber stark beeinflusst. Lecter ist nicht mehr nur furchteinflößend und kalt, sondern er ist offensichtlich verrückt und unmenschlich. Die Rezipienten werden also mit einem sehr unangenehmen und grauenerregenden Gefühl zurückgelassen, welches die nachfolgende Szene (die Beamten bemerken Lecters Flucht) durchgängig begleitet, wie auch die finale Szene des Films, in der Lecter Starling von seinem Versteck in der Karibik aus anruft.

6.2.3. THE SILENCE OF THE LAMBS. Scene 3: Clarice Starling findet Buffalo Bill (01:35:22-01:38:47)

Diese kurze Sequenz beginnt mit einer irreführenden Parallelmontage. Der erste Handlungsstrang verfolgt Captain Jack Crawford und seine FBI-Agenten, die das vermeintliche Haus des Serienmörders Buffalo Bill umstellen und in das Gebäude eindringen, dann jedoch bemerken, dass dieses unbewohnt ist. Bis zu diesem Moment lässt der Film die Zuschauer in dem Glauben, Crawford und seine Männer befänden sich am richtigen Ort. Als jedoch im zweiten Handlungsstrang Buffalo Bill, den die Zuschauenden bereits kennen, die Tür öffnet, befindet sich da nicht der als Blumenbote getarnte FBI-Agent, sondern Clarice Starling. Crawford erkennt in diesem Moment, dass Starling, welcher er aufgetragen hatte, eine Verbindung zwischen Frederica Bimmel, Buffalo Bills erstem Opfer, und dem vermeintlichen Mörder aufzudecken, sich wahrscheinlich in Schwierigkeiten befindet. Starling befragt Buffalo Bill, der sich als Jack Gordon vorstellt, über Mrs. Lippman, eine Arbeitgeberin Bimmels, die vor ihm in seinem Haus wohnte. Mrs. Bimmel ist in der Zwischenzeit verstorben, Buffalo Bill bietet Starling jedoch an, ihr die Karte des Sohnes der alten Frau zu geben und lädt sie ein, im Wohnzimmer zu warten, bis er diese findet. Während Buffalo Bill die Karte sucht, blickt sich Starling im überladenen Raum um. Als sie einen Totenkopfschwärmer sieht, der sich auf einer Fadenrolle niederlässt, versteht sie, dass sie sozusagen aus Versehen in Buffalo Bills Armen gelandet ist. Mutig stellt sie ihn, doch er flieht in die labyrinthähnliche Kellerstruktur des Gebäudes, und Starling jagt ihm hinterher.

Diese Szene bildet den Aufbau für den finalen Show-down des Films. Der Zuschauer wird zuerst in die Irre geführt, befindet sich danach jedoch klar im Vorteil gegenüber Clarice Starling, welche lange nicht realisiert, dass sie sich in der Gegenwart des gesuchten Serienmörders befindet. Dieses Element des Mehrwissens seitens der Zuschauenden erzeugt Suspense und trägt dazu bei, dass die Atmosphäre dieser Sequenz stark spannungsgeladen ist. Hier funktioniert somit das filminterne Vorwissen der Zuschauer als Verstärker für die direkten Affekte, welche durch die ästhetischen Elemente der Szene, die durch dieses Vorwissen noch bedrohlicher wirken, ausgelöst werden. Obschon die Zuschauerperspektive, wie in der ersten hier besprochenen Szene, wieder an Starlings Perspektive angeglichen wird, besteht ein Ungleichgewicht, was auch dazu führt, dass wir uns als Zuschauer umso mehr Sorgen um die angehende Agentin machen. Die Atmosphäre des überladenen, unaufgeräumten und dunklen Hauses und ihre eigene Unsicherheit machen Starling nervös, und ihre Nervosität überträgt sich auf den Rezipienten, welcher zudem weiß, was sich im Keller befindet und wozu dieser Mann fähig ist, der sich als Jack Gordon ausgibt.

Ein erstes auffallendes Element dieser Sequenz ist der starke Unterschied zwischen den zwei Häusern in den zwei parallelen Handlungssträngen. Während das Gebäude, in das Captain Crawford und seine Männer eindringen, nicht nur leer steht, sondern farblich neutral gehalten ist und sich als sehr ruhig erweist, zeichnet sich Buffalo Bills Unterkunft vor allem durch Unruhe und Überladenheit aus. Von außen ähneln sich die beiden Häuser zwar etwas, beide sind rötlich, innen jedoch könnten sie nicht unterschiedlicher sein. Die Wände des verlassenen Hauses sind in einem hellen Mint gehalten und die Vorhänge in Weiß. Die Räume sind leer und hell, und demzufolge übersichtlich. Bei Buffalo Bill hingegen dominieren Chaos und Unruhe, nicht so sehr in Bezug auf die Farben, sondern vor allem auf der Ebene der Texturen und Materialien. In jeder Einstellung lassen sich verschiedenste Stoffe, Muster und Materialien erkennen, wodurch ein Effekt der visuellen Überforderung entsteht. Während das erste Gebäude also eine, abgesehen vom Eindringen der FBI-Agenten, eher ruhige Atmosphäre ausstrahlt, herrscht in Buffalo Bills Zuhause von Anfang an eine chaotische und unruhige Stimmung, die es verunmöglicht, die Übersicht zu behalten. Ein Detail, welches jedoch merklich dazu beiträgt, dass die Illusion der Parallelmontage nicht sofort zerbricht, ist, dass sich durchaus ästhetische und akustische Ähnlichkeiten zwischen den zwei Handlungssträngen festhalten lassen, unter anderem in der Lichtqualität oder den Hintergrundgeräuschen.

Farblich korrespondiert die Inneneinrichtung in Buffalo-Bills-Haus mit der bereits erwähnten, mit dem Serienmörder assoziierten Farbgebung: Hellgelb, Senfgelb, Beige, Braun. Diese Farben lassen sich alle als gesättigt und eher dunkel beschreiben. Hinzu kommen eine Vielzahl von Mustern, Materialien und Objekten, welche einen sehr überladenen Eindruck erschaffen. Einstellung 22 ist ein gutes Beispiel hierfür: Die Kamera befindet sich an der Decke und filmt aus der Vogelperspektive auf Buffalo Bill und Clarice Starling hinab. In Bezug auf die Farbgebung lässt sich die Einstellung als relativ dunkel mit verschiedenen Variationen des Farbspektrums hellgelb-beige-senfgelb-braun charakterisieren. Alleine in dieser Einstellung lassen sich vier verschiedene Muster ausmachen (zwei unterschiedliche Teppiche, Tapete, Hemd). Dazu kommen der abgenutzte Holzboden, ein bemalter Beistelltisch und ein samtenes Sofa mit Fransen. All diese Muster, Texturen und Materialien sorgen dafür, dass das Bild visuell überladen erscheint und für die Rezipienten auch sinnlich überfordernd ist. Auch die übrigen Einstellungen in Buffalo Bills Bleibe lassen sich ähnlich beschreiben. Die visuelle Überladenheit dient einerseits dazu, Buffalo Bill als filmische Figur zu charakterisieren, denn er ist jemand, der Dinge anhäuft und in großer Unordnung und in einer unangenehmen

Atmosphäre lebt. Auf symbolischer Ebene ließe sich diese dominierende Überladenheit und Verwirrung als Sinnbild für Buffalo Bills psychische Kondition lesen. So werden auch seine Küche und sein Keller als überaus unaufgeräumt, überladen und schmutzig inszeniert. Andererseits unterstützt diese Überladenheit die Stimmung der Sequenz, denn wie Clarice Starling sind auch die Filmzuschauer überfordert von der Situation und werden zunehmend nervös. Auch in diesem Fall lässt sich also eine immersive und desorientierende Qualität festmachen. Insbesondere im Keller ist dies eines der Hauptmerkmale der Gestaltung. Starling, und mit ihr der Zuschauer, verliert in der labyrinthartigen und reizüberladenen Konstruktion vollständig die Orientierung und ist Buffalo Bill ausgeliefert. Zusätzlich zeichnen sich einige der Einstellungen in Buffalo-Bills-Haus dadurch aus, dass sie von einem leichten Nebel überzogen werden, wahrscheinlich durch den Einsatz eines Filters. Besonders auffällig erweist sich dies in Einstellung 7, in welcher zum ersten Mal, mit Ausnahme des Kellers, das Innere des Gebäudes gezeigt wird.

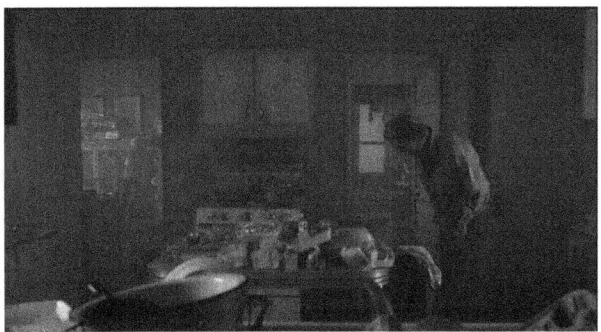

Abb. 9: E. 7 (01:35:42-01:35:46), THE SILENCE OF THE LAMBS.

Die neblige Bildqualität hat den irritierenden Effekt, dass die Dreidimensionalität des Raumes beeinträchtigt wird und die Trennung zwischen Vorder- und Hintergrund nicht mehr eindeutig gewährleistet ist. Der Dunst verändert somit auch die Textur des Bildes. Anstatt, dass sich in Einstellung 7 die verschiedenen Materialien durch ihre Struktur und Textur bemerkbar machen, wie das in den meisten anderen Einstellungen der Sequenz der Fall ist, ist es in dieser Einstellung eher so, dass der Nebel die Textur der einzelnen Objekte verändert und vereinheitlicht. Das bedeutet auch, dass die Taktilität des Bildes vermindert und somit die sinnliche Erfahrung des Zuschauers eingeschränkt wird. Einstellungen wie diese erweisen sich also auf verschiedenen Ebenen als hochgradig irritierend und desorientierend. Darüber hinaus unterstützt der Nebel auch den Eindruck der Überladenheit, welcher ohnehin schon die Sequenz dominiert. Auch in dieser Einstellung lässt sich von visueller Überforderung sprechen, so verschachtelt und überladen ist der Raum. Der Aufbau der Einstellung sorgt dafür, dass es den Zuschauern möglich ist, in zwei weitere Räume zu blicken, und auch die Küche hat verschiedene Ebenen. Der filmische Raum wirkt, als ob er in viele verschiedene Räume aufgeteilt wäre, und jeder dieser Räume erweist sich als überladen, verschachtelt und vollgestellt.

Bezüglich der Farbgestaltung ist erwähnenswert, dass in dieser Szene wiederum die Augenfarbe der zwei Figuren betont wird. In Einstellung 19, als Buffalo Bill auf Clarice Starlings Frage, ob er Frederica Bimmel gekannt habe, antwortet: „No, uh-uh.. Oh wait, was she a great, big, fat person?", blickt er zuerst an der Kamera vorbei und danach direkt in die Kamera, dabei hebt er leicht den Kopf. Auf diese Weise ist es unmöglich nicht zu bemerken, dass seine Augen ebenfalls stahlblau – oder in dieser Einstellung eher veilchenblau – sind. Seine Augenfarbe dient in dieser Einstellung auch als farblicher Akzent inmitten all der braunen, beigen und gelblichen Objekte. Einzig im Hintergrund unten rechts lässt sich ein unscharfes Objekt derselben Farbe erkennen. Es lässt sich in diesem Sinne also von einem Quantitätskontrast nach Itten sprechen, wobei die von einer Farbe besetzte Fläche merklich kleiner ist als die Fläche einer anderen Farbe (vgl. Itten 1961: 33ff.). Die veilchen- oder stahlblaue Farbe wird in Einstellung 26 wiederaufgenommen. Es handelt sich um eine recht dunkel gehaltene frontale Nahaufnahme von Clarice Starling, welche von mehreren Türrahmen aus braunem Holz eingerahmt wird. Diese Einstellung, welche sozusagen den Gegenschuss von Buffalo Bill auf Starling darstellt, kommt so oder ähnlich mehrere Male in dieser Szene vor. Interessanterweise lässt sich die Farbgestaltung mit Clarice Starlings Farbschema in Verbindung bringen, so sind die dominanten Farben Dunkelbraun, Dunkelgrau, Hellgrau, und Waldgrün – Farben, die in Buffalo Bills Reich als überraschend erscheinen. Auch in dieser Einstellung lassen sich eine Vielzahl von Mustern und Texturen finden, wie zum Beispiel zwei verschiedene Tapeten, ein Gemälde an der Wand, Starlings Wollmantel und ihr gehäkelter Schal. Das Bild rechts an der Wand zeigt einen Schmetterling, welcher in genau derselben veilchen- und stahlblauen Farbe wie Buffalo Bills Augen gemalt ist. Das Besondere daran ist, dass genau in dieser Einstellung das Licht seitlich in Starlings Augen scheint, die zudem noch das Gesicht ins Licht gedreht hat. Dadurch erscheinen ihre Augen nicht nur sehr blau, und zwar wiederum in derselben Farbe des Gemäldes, sondern auch auf außergewöhnliche Art feucht und flüssig, was dadurch verstärkt wird, dass die Schärfe dieser Einstellung im richtigen Moment verstellt wird und Starlings Augen somit unscharf werden. Wiederum handelt es sich um einen Quantitätskontrast. Es wird also eine Verbindung suggeriert zwischen Starling und Buffalo Bill. Indirekt schwingt automatisch auch die Figur von Hannibal Lecter in dieser Assoziationsreihe mit. Dies geschieht vor allem dadurch, dass diese Verbindung bereits zu Beginn des Films, in der ersten hier analysierten Szene, etabliert wurde und die Farbe Stahlblau seitdem mit Hannibal Lecter assoziiert wird. Hier funktioniert also diese Assoziationskette wiederum über einen indirekten, gestalterisch gelenkten affektiven Wert und beeinflusst somit die Stimmung der Szene und die Reaktion der Rezipienten.

Wie bereits erwähnt, lassen sich in dieser Sequenz sowohl in der akustischen Umwelt wie auch in der Farbgestaltung die Töne wiederfinden, welche von Beginn an mit der Figur von Buffalo Bill assoziiert werden. Auf der Ebene der Geräusche ist das vor allem das Geräusch quietschender Türen (vgl. Flückiger 2001: 117). Dieses Geräusch, welches in Einstellungen 7, 9, 12 und 22 vorkommt, stellt einen Stereotyp aus dem Horrorfilm dar und erweckt Assoziationen mit einer ganzen Reihe von furchterregenden Szenen und Filmen. Es ist ein unangenehmes Geräusch, welches in erster Linie dazu dient, Unbehagen auszudrücken und die Erwartungen der Zuschauenden, welche das Geräusch aus dem Horrorfilm kennen, anzustacheln (vgl. Flückiger 2001: 117). Dieses stereotype Geräusch verfügt also über die Fähigkeit, erlernte und automatisierte Reaktionen und Affekte im Zuschauer zu erwecken (indirekter Affekt). Ein weiteres sehr unangenehmes, aber weitaus selteneres Geräusch ist dasjenige des Alarms, den Buffalo Bill in seinem Keller installiert hat. Der Alarm, welcher losgeht, als an der Eingangstüre geklingelt wird, wird von einem intensiven und unnatürlichen grünen Licht begleitet und erweist sich als sehr laut und dominant, so dass er beinahe alle anderen Geräusche zu übertönen vermag. Bemerkenswert ist, dass der Klang des Alarms sich zwar einerseits als schrill schellend beschreiben lässt, jedoch auch als gewitterähnlich donnernd und rauschend. Dementsprechend wirkt das Geräusch des Alarms bearbeitet und intensiviert, was darauf schließen lässt, dass diesem Geräusch eine besondere Funktion zugemessen wird. Die Bedeutung dieses Geräusches übertrifft also die Ebene des einfachen Ankündens eines Besuchs und bewegt sich auf der

Ebene des direkten affektiven Beeinflussens der Zuschauenden, welche durch dieses überaus unerwartete und unangenehme Geräusch erschreckt und in Alarmhaltung versetzt werden. Als wir, die Rezipienten, bemerken, dass es Clarice Starling ist, die an Buffalo Bills Türe läutet, wird diese Alarmhaltung bestätigt, aber auch verstärkt. Eine Geräuschgattung, die in dieser Sequenz hingegen gänzlich fehlt, ist jene der metallischen Klänge. Obschon sich auf der Stufe des Optischen verschiedene metallische Objekte erkennen lassen, unter anderem Buffalo Bills Revolver und die Pfannen in seiner Küche, erhalten diese auf akustischer Ebene keinerlei Raum. Dies lässt sich darauf zurückführen, dass metallische Geräusche nicht zu Buffalo Bill, sondern zu Hannibal Lecter gehören, und somit in dieser Sequenz irritierend oder verwirrend wirken könnten.

Für diese Sequenz erweist sich ein weiteres Geräusch als zentral, und zwar das des flatternden und raschelnden Totenkopfschwärmers. Den Zuschauenden ist das Geräusch des Falters zu diesem Zeitpunkt bereits bekannt, da das Insekt bereits mehrere Male auf optischer und akustischer Ebene präsent war. Die Zuschauenden wissen, dass dieses Tier, und somit auch dieses Geräusch, eng mit Buffalo Bill verbunden sind, verfügen also über ein filminternes Vorwissen. Der Serienmörder scheint in diesem Insekt und in seiner Verwandlung von der verpuppten Raupe zum ausgewachsenen Falter das perfekte Sinnbild für seine eigene erhoffte Verwandlung zu sehen. Zugegebenermaßen erweist sich dieses Handlungsdetail als eines der schwerfälligsten, jedoch passt es gut zur allgemeinen Vorliebe für Amateurpsychologie des Psychothrillers (vgl. Heinrichs 2010: 60). Als das Flattern des Totenkopfschwärmers in Einstellung 27 zum ersten Mal in dieser Szene im Off zu hören ist, erkennen die Zuschauer das Geräusch automatisch und assoziieren es mit Buffalo Bills Morden und den verpuppten Faltern, welche er im Rachen seiner Opfer hinterlässt, was wiederum indirekte affektive Reaktionen der Anspannung und des Ekels auslöst. Clarice Starling hingegen erkennt das Geräusch nicht sofort, sie hat bis zu diesem Moment nur mit toten und verpuppten Raupen zu tun gehabt, nicht aber mit lebendigen umherfliegenden Faltern. Jedoch braucht sie nur wenige Sekunden, um den Kopf in Richtung des Geräusches zu drehen, den Falter zu sehen, zu erkennen und dessen Bedeutung zu registrieren. Das Flattern des Falters nimmt somit eine Signal- und Warnfunktion ein, welche sowohl im Zuschauer als auch in Starling eine starke Reaktion auslöst, wenn auch jeweils eine unterschiedliche.

Es handelt sich bei dieser Szene also vor allem um eine Ingressionserfahrung in eine Atmosphäre, welche aufgrund ihres Bewohners als bedrückend und unangenehm beschrieben werden kann. Buffalo Bill ist nicht nur ein Serienmörder, sondern er ist vor allem auch jemand, der sich selbst und sein Leben nicht akzeptieren kann. Aus Lecters Analyse lässt sich außerdem schließen, dass Buffalo Bill auch von seinen Mitmenschen oft nicht akzeptiert wurde, was ihn zum krankhaften Entschluss gebracht hat, seine Identität zu verändern. Dieses Unwohlsein im eigenen Körper wiederspiegelt sich nicht nur in seinen Taten, sondern vor allem auch in seinem Heim. Die gesamte Unterkunft erscheint ungepflegt und überladen und hat somit eine sehr bedrückende Wirkung. Hinzu kommt die Dunkelheit, welche im Haus und im Keller die Atmosphäre stark mitgestaltet. Während im Keller künstliches Licht von verschiedenen verstreuten Lichtquellen zum Einsatz kommt, wird der Wohnraum nur durch das Licht erhellt, das von außen durch die Fensterläden dringt. Das Resultat ist ein Spiel mit Licht und Schatten, welches auch ein Spiel mit Sehen und Nichtsehen ist. Diese ohnehin schon unangenehme und bedrückende Atmosphäre wird durch Gefühle der (An-)Spannung, Nervosität und Furcht verstärkt. Die Rezipienten befinden sich durchgängig an Starling Seite, wissen jedoch lange Zeit mehr als sie und sind daher affektiv anders involviert als Starling selbst, welche zwar nervös und unsicher ist, jedoch keine Angst vor Jack Gordon hat. Infolgedessen besteht das Interesse dieser Szene auch darin, zu beobachten, wie Starling mit der Situation umgeht und vor allem wie sie reagiert, wenn sie die Wahrheit erfährt. Die affektiven Reaktionen der Zuschauenden sind also nicht nur unmittelbare Antworten auf die filmische Atmosphäre, sondern auch indirekte Reaktionen aufgrund ihres Vor- und Mehrwissens.

6.3. Gemeinsamkeiten und übergreifende Funktionen von Tondesign und Farbgestaltung

Bis zu diesem Zeitpunkt habe ich die Ebenen von Tondesign und Farbgestaltung zum größten Teil als zwei voneinander getrennte Gestaltungsmittel behandelt. Es ist jedoch vielmehr so, dass sich nicht nur Gemeinsamkeiten zwischen diesen beiden stilistischen Mitteln festhalten lassen, sondern auch übergreifende Funktionen. Als übergreifende Funktionen von Tondesign und Farbgestaltung werde ich an dieser Stelle jene Mechanismen bezeichnen, welche in den Rezipienten bestimmte Affekte und Reaktionen auslösen, und zwar dann, wenn die optische und akustische Ebenen zusammen funktionieren. In diesem Sinne kann der Einsatz eines bestimmten Tons in Zusammenhang mit einer spezifischen Farbgestaltung, oder umgekehrt, die Wirkung der einzelnen Parameter verstärken oder sogar erst hervorbringen. Das Medium Film, welches seit geraumer Zeit in den meisten Fällen aus einer optischen und einer akustischen Ebene besteht, erhält dementsprechend eine weitere Ebene des Ausdrucks.

Michel Chion (1990: 9) bezeichnet dieses Konzept in seinem Buch *L'audio-vision. Son et image au cinéma* als „valeur ajoutée" (Mehrwert) und beschreibt es wie folgt: „la valeur expressive et informative dont un son enrichit une image donnée, jusqu'à donner à croire [...] que cette information ou cette expression se dégage ‚naturellement' de ce qu'on voit, et est déjà contenue dans l'image seule". Chion bezieht sich hier also sowohl auf Elemente von informativer, also inhaltlicher, als auch expressiver Bedeutung. Ein Beispiel für Erstere ist ganz banal der Einsatz von Orientierungslauten, welche die Charakterisierung eines Settings maßgeblich beeinflussen können. Mich interessiert in diesem Kontext jedoch eher der expressive Mehrwert, bei dem die akustische Ebene eines Films den visuellen Inhalt signifikant in seiner direkten affektiven Bedeutung unterstreicht und beeinflusst. Wie Chion (1990: 9) impliziert, bleiben dabei die Rolle und Wichtigkeit des Tons für diese Prozesse oftmals unbemerkt. Würde jedoch die ab Seite 47 analysierte Szene von Hannibal Lecters Flucht auf der akustischen Ebene von einer fröhlichen Musik und entsprechenden Geräuschen begleitet, wäre der Effekt gewiss ein ganz anderer.[13] Ein weiteres Experiment in diesem Sinne ist, während der Visionierung eines Horrorfilms den Ton auszuschalten. Das Resultat wird enttäuschend sein, denn ohne den Beitrag des Tons, sei dies in Form von Geräuschen, menschlichen Äußerungen oder Musik, erweisen sich die meisten Horrorfilme als weitgehend unspektakulär, wenn nicht gar langweilig. Obschon Chion sich in seiner Arbeit auf den Mehrwert des Tons fokussiert, unterstreicht er, dass es sich um ein wechselseitiges Phänomen handelt: „si le son fait voir l'image différemment de ce que cette image montre sans lui, de son côté, l'image fait entendre le son autrement que si celui-ce retentissait dans le noir" (1990: 23).

Zusammenfassend und weiterführend kann gesagt werden, dass viele der affektiven und subjektivierenden Effekte einer Filmszene nicht durch die einzelnen

---

[13] Chion (1990: 161-162) nennt dies ein ‚mariage forcé', eine Zwangsheirat der akustischen und visuellen Ebene zweier verschiedener Filme, mit dem Zweck, die Tragweite und die Wichtigkeit des akustischen Mehrwerts gänzlich zu verstehen.

gestalterischen Mittel evoziert werden, sondern durch die Zusammenarbeit verschiedener filmischer Parameter. Farbe und Ton erweisen sich als zwei Gestaltungsmittel, welche eine große Bandbreite an Möglichkeiten aufweisen, da sie über Phänomene der Klanglichkeit und Materialität verschiedene Sinne anzusprechen vermögen. Informationen, welche über die Tonebene aufgenommen werden, werden vom menschlichen Gehirn sehr schnell verarbeitet und sind bei der Auswertung stark mit instinktiven Reaktionen verbunden, welche bei Bedarf schnelle und automatische physiologische Reflexe auslösen. Außerdem ermöglicht der Ton, vor allem über Orientierungslaute und Tonperspektiven, eine Positionierung des Zuschauerkörpers im filmischen Raum und ein Gefühl für die Dimensionen dieses Raumes. Aus diesen Gründen trägt der Ton Bemerkliches zur Wahrnehmung des filmischen Raumes bei. Auf affektiver Ebene erweist sich vor allem die Klanglichkeit der einzelnen Klangobjekte als bedeutsam. Unterschiedliche Materialien können unterschiedliche somatische Reaktionen auslösen, welche, eingebunden in eine bestimmte übergreifende Atmosphäre, direkte affektive Reaktionen hervorbringen. Farben haben ebenfalls instinktive Orientierungsfunktionen, welche jedoch in der Farbgestaltung des Films weniger oft eingesetzt werden, da sie dazu tendieren, unklare Signale zu senden. Jedoch sind Farben klar emotional geladen und mit einem Großteil der filmischen Stereotypen und Konventionen bestückt. Es ist selten der Fall, dass Farben keinerlei solche Bedeutung einnehmen und rein dekorativ eingesetzt werden. Dennoch hat auch die Filmfarbe die Eigenschaft, affektive Reaktionen auszulösen, sowohl über diese Stereotypen als auch über andere Assoziationen oder bestimmte Eigenschaften der Farbe. In jedem Fall muss unterstrichen werden, dass die einzelnen filmischen Gestaltungsmittel alleine nur begrenzt dazu in der Lage sind, ein allumfängliches Filmerlebnis zu garantieren und, dass nur das Zusammenspiel der verschiedenen Gestaltungsmittel alle Sinne anzusprechen vermag.

Im Folgenden wird aufgezeigt, inwieweit die Erschaffung von filmischen Atmosphären und die Erzeugung filmischer Affekte in THE SILENCE OF THE LAMBS von der Zusammenarbeit von Tondesign und Farbgestaltung abhängig ist. Zu diesem Zweck wende ich mich wieder Szene 1, ‚Das erste Treffen' zu. Ich habe die Atmosphäre dieser Sequenz zuvor als unangenehm und furchterregend beschrieben, da der Zuschauer gänzlich an Clarice Starlings Perspektive angeglichen wird und somit ihre Nervosität und Angst vor Hannibal Lecter mitfühlt. Die Subjektivierung, das heißt die Angleichung der Zuschauerperspektive an die Perspektive Starlings, erfolgt sowohl auf visueller als auch auf akustischer Ebene. Als wesentliches gestalterisches Element in diesem Sinne erweist sich das Geräusch zuschlagender Metalltüren und Tore. Das erzeugte Geräusch (automatische Türe: alarmartig mechanisch dröhnend und zuschlagend; metallische Türe: quietschend und schleifend aufgehend, knarrend, und dumpf zuschlagend) erweist sich im isolierten Zustand als nur moderat unangenehm, und dies in erster Linie aufgrund der metallischen Eigenschaft. Die visuelle Komponente fügt jedoch wichtige Elemente hinzu, wie die beigen, kalten und kahlen Wände des Korridors zu Beginn und die rauen, dunklen und verliesähnlichen Steinwände im weiteren Verlauf der Sequenz. Hinzu kommt das Bewusstsein, immer tiefer hinab zu steigen. Das horrorfilmartige, unbestimmte Hintergrundgeräusch ergänzt diesen Eindruck um eine weitere physiologische Ebene. Dazu kommt natürlich die narrative Ebene, welche in der Analyse zwar weggedacht werden kann, jedoch in der realen Situation der Filmerfahrung eine tragende Rolle spielt. Trotzdem scheint es mir wichtig zu bemerken, dass diese Sequenz sehr wahrscheinlich auch ohne Kenntnis der narrativ-dramaturgischen Situation, das bedeutet losgelöst von ihrem Kontext, eine unangenehme Filmerfahrung erzeugen würde. Die Zuschauenden werden auf verschiedenen sinnlichen Ebenen angesprochen und können nicht anders, als die unangenehme und kalte Atmosphäre dieses Abstiegs körperlich und affektiv mit Clarice Starling mitzufühlen und ihre Perspektive einzunehmen.

Im späteren Verlauf der Sequenz, im Hochsicherheitstrakt der psychiatrischen Anstalt, dominieren auf visueller Ebene die Farbe Stahlblau und die bereits erwähnte raue und kalte Textur der Steinwand. Die Farbe Stahlblau wird stark mit der Figur Lecters assoziiert, und dies reicht bereits aus, um eine sehr kalte und demzufolge bedrohliche Atmosphäre zu evozieren. Zusätzlich dazu bringt sich auch die dominierende Textur der harten Steinwände ein und wiederholt diesen Effekt auch in der Materialität der Szene. Ich möchte jedoch behaupten, dass die akustischen Elemente, welche diese Sequenz begleiten, diesen Eindruck noch verstärken und in seiner Affektwirkung unterstützen. In erster Linie sind dies die Hintergrundgeräusche (UKO: spritzend, verstäubend; Wasser: tropfend, leicht hallend, entfernt leise; Türe: metallisch, knallend, leise, weit entfernt) und der Hall, der die gesamte Szene begleitet, welche dafür sorgen, dass sich die Zuschauenden durchgängig dessen bewusst sind, sich in einem unterirdischen Verlies zu befinden. In diesem Sinne unterstützen diese akustischen Merkmale die farbliche Gestaltung der Szene und erschaffen zusammen mit der Materialität des Bildes eine Atmosphäre, welche klar im Untergrund angesiedelt wird, kalt und feucht ist und aus der es kein selbstständiges Entkommen gibt. Auch hier ist es erst die Kombination der verschiedenen Elemente, welche dafür sorgt, dass die Atmosphäre in diesem Hochsicherheitstrakt sowohl den Seh- und Hörsinn als auch den Tastsinn anspricht und somit sozusagen zu einer Ganzkörpererfahrung wird.

Die filmischen Gestaltungsmittel Farbe und Ton können also verschiedenste Funktionen einnehmen. Abgesehen von den oberflächlichen narrativen Aufgaben nehmen sie dabei auch viele Funktionen ein, die das Filmerlebnis erst vollständig machen. Auf affektiver und subjektivierender Ebene erweist sich dabei das Zusammenspiel der verschiedenen Parameter als grundsätzlich, da einzelne Elemente zwar instinktive somatische oder affektive Reaktionen auslösen können, diese jedoch nur in Zusammenhang mit anderen Elementen eine wahrhaftige filmische Atmosphäre erschaffen können. Gleichzeitig lassen sich in Bezug auf affektive und subjektivierende Funktionen auch verschiedene Gemeinsamkeiten erkennen. In der ersten Szene vermitteln zum Beispiel mehrere Elemente ein unangenehmes Gefühl der Anspannung, mehrheitlich ausgelöst durch einen starken Eindruck von Kälte. Die stilistischen Elemente, welche diese direkte Affektbildung hervorrufen, sind auf visueller Ebene die Farbe Stahlblau und auf akustischer Ebene die wiederholten metallischen Geräusche. Sowohl die stahlblaue Farbe als auch die metallischen Geräusche werden mehrmals wiederholt und dominieren dementsprechend die stilistische Gestaltung der Sequenz. Dadurch wird ein direkter körperlicher Affekt des Unwohlseins und der Unruhe ausgelöst. Gleichzeitig bewirkt die Wiederholung dieser Elemente auch einen subjektivierenden Affekt, wobei die Rezipienten der Perspektive von Clarice Starling angeglichen werden. Die Farbe Stahlblau und die metallischen Geräusche gehören in dieser Szene also zusammen und dienen gemeinsam dem Zweck, den Zuschauer subjektiv und affektiv zu beeinflussen und somit die gesamte Szene zu einem unangenehmen und furchterregenden Erlebnis zu machen, welches den weiteren Verlauf der filmischen Rezeption prägt.

Es ist dieses Zusammenspiel von verschiedenen Gestaltungsmitteln, das schlussendlich die filmische Atmosphäre erschafft. Es lässt sich also sagen, dass Tondesign und Farbgestaltung durchaus gemeinsame Ziele verfolgen und einen wesentlichen Beitrag zur filmischen Atmosphäre und folglich zur affektiven und subjektivierenden Beeinflussung der Zuschauer während der Filmerfahrung leisten.

Zwar können einige Gestaltungsmittel die Zuschauer auch ohne Einbindung in eine filmische Atmosphäre beeinflussen, jedoch ist es erst der Kontakt mit einer spezifischen und allumfänglichen Stimmung, die einen bleibenden Eindruck hinterlässt. Zu Beginn dieser Untersuchung wurde das Konzept der filmischen Atmosphäre auf theoretische und abstrakte Weise eingeführt. Im nächsten Kapitel wird nun einen Schritt weitergegangen, indem herausgearbeitet wird, inwiefern sich die Resultate der vorherigen Analyse verallgemeinern lassen, um zu einer allgemeingültigen Beschreibung der filmischen Atmosphäre im Psychothriller zu gelangen.

Wie bereits in Kapitel 6.1 erwähnt, gilt Dr. Hannibal Lecter als Kultfigur und als ein besonderes Faszinosum des Films. Die Darstellung von Anthony Hopkins, welche zwischen vollständiger Unterkühltheit und bestialer, blutrünstiger Brutalität keine Zwischenschattierungen kennt, hat dabei sicherlich einen grossen Teil zur allgemeinen Faszination mit dieser Figur beigetragen. An dieser Stelle möchte ich nochmals auf die Verbindung der Gestaltungsmittel Farbe und Ton in Bezug auf diese Figur und die sehr spezifische Faszination eingehen, die sie seit bald 30 Jahren ausübt. In der Verbindung von Ton und Farbe entsteht, wie in der Filmanalyse in Kapitel 6.2.1 ausgeführt, eine Charakterisierung von Lecter, die sich durch Kälte, Emotionslosigkeit und Bedrohung auszeichnet. Dieser erste Eindruck trägt klar dazu bei, dass Lecter von den anderen Figuren abgesondert wird. Im weiteren Verlauf des Films erweist sich die Figur jedoch als durchaus komplexer, als zu Beginn hier vorgestellt wird. Tatsächlich ist Lecter weder ganz menschlich, noch ganz grausam. Als Psychopath zeichnet er sich durch einen sehr hohen Intellekt aus, sowie auch durch absolute Empathielosigkeit und emotionale Kälte. Die Gefühle, die andere Menschen empfinden und nach denen sie ihr Leben ausrichten, vermag er nicht ganz zu verstehen, im Gegenteil, wahrscheinlich empfindet er sie als Schwäche. Trotzdem, und das macht Lecters Figur so besonders, interessiert er sich für vereinzelte Menschen, obschon er sich ihnen im Allgemeinen überlegen fühlt. Vor allem Clarice Starling gegenüber hegt Hannibal Lecter ein reges Interesse, welches sich nicht nur durch Dr. Chiltons anfängliche Bemerkung erklären lässt („I don't believe Lecter's even seen a woman in eight years, and oh, are you ever his taste, so to speak."). Es ist in dieser zwischenmenschlichen Beziehung, in der sich Lecters ambivalenz gegenüber den Menschen herauskristallisiert und seine Charakterisierung sich voll entfaltet. Gleichzeitig hat diese sich anbahnende Komplizenschaft auch den Effekt, dass Lecter in den Köpfen der Zuschauenden verharmlost wird – was die brutale Fluchtszene umso verstörender macht.

Die Gestaltungsebenen Farbe und Ton unterstützen und betonen diese zwei sehr gegensätzlichen Aspekte der Figur des Hannibal Lecters konstant. Einerseits zeichnen sich alle Räume, in denen sich Hannibal Letcer aufhält, duch eine grosse akustische und visuelle Präsenz des Materials Metall aus, welches Lecter hervorhebt, seine Kälte und Einzigartigkeit unterstreicht, wie auch das Stahlblau, das vor allem die erste Sequenz im Hochsicherheitstrakt begleitet. Interessanterweise wird gleich von Beginn an sowohl eine Trennung, als auch eine Verbidnung zwischen Hannibal Lecter und Clarice Starling angedeutet. Während die Farbgebung der räumlichen Umgebung Lecter und Starling abtrennt und die Unterschiede ihrer Persöhnlichkeiten betont, wird gleichzeitig die Farbe ihrer beiden Augen hervorgehoben, welche sich nicht nur ähneln, sondern genau gleich ausfallen. Die Verbindung, die hier suggeriert wird, ist jedoch eine trügerische, so erfahren die Zuschauenden im weiteren Verlauf des Films, dass auch Buffalo Bill dieselbe Augenfarbe hat. Zu spät merken die Zuschauenden, dass Hannibal Lecter trotz seiner Kultiviertheit, Intelligenz und Eleganz doch mehr Ähnlichkeiten hat mit Buffalo Bill, als mit Clarice Starling. Anders gesagt, die Narration und der dramaturgische Aufbau von SILENCE OF THE LAMBS kollidiert fortlaufend mit den ästhetischen und atmosphärischen Ebenen der Gestaltung. Spätestens als die Zuschauenden Zeugen werden von Hannibals blutrünstiger Flucht, erweisen sich die Wahrnsignale, die in Form der Farb- und Tongestaltung kontinuierlich wiederholt wurden, als begründet. Es ist der Shock, der hier gekonnt über mehrere Sequenzen aufgebaut wird, der wohl zu einem großen Teil dazu beigetragen hat, dass die Figur des Hannibal Lecters immer noch zu den größten Faszinosa der jüngeren Filmgeschichte gehört.

Obschon er nicht die eigentliche Hauptfigur der Handlung ist, wird Lecter durchgehend sehr viel Raum zugesprochen. Damit ist nicht nur die anfängliche Sequenz des Herabsteigens in den Hochsicherheitstrakt und die darauffolgende erste Begegnung von Starling und Lecter gemeint. Zwar zeichnet sich diese Szene dadurch aus, dass Lecters Präsenz den gesamten Abstieg sowohl auf auditiver als auch auf visueller Ebene begleitet und darin kulminiert, dass Starling, und die Zuschauenden, Lecter zum ersten Mal in Fleisch und Blut begegnen, doch ist dies nicht die einzige Szene, in der dies zutrifft. Tatsächlich ist Lecters Präsenz auch in Szenen bemerkbar, in denen er selbst gar nicht auftritt. So begleiten zum Beispiel die metallischen Elemente, die in dieser ersten Sequenz so stark auffallen und unlöslich an Lecter gebunden werden, die gesamte Handlung. So begibt sich Starling, einen rätselhaften Tipp von Lecter befolgend, kurz nach ihrem ersten Treffen zu einem Lagerraum. Auch hier ist ein Metalltor zentral für die Narration und macht sich sowohl auf visueller als auch auf akustischer Ebene stark bemerkbar, zumindest in der ersten Hälfte der Sequenz. Was Starling in diesem Lagerraum findet, ist eine erste Spur zu Buffalo Bill. Dieser Handlungsort funktioniert hier als Verbindungsglied zwischen Lecter und Buffalo Bill und durch die Tonspur wird sozusagen eine Brücke gebaut zwischen Lecters erstem Auftreten und diesem verlassenen Lagerraum. Flückiger (2001: 436, [kursiv im Original]) schreibt: „[...] Die beiden Isotopien *Metall* und *bassige Laute* schaffen eine klangliche Verbindung zur Psychiatrie, in welcher Dr. Lecter einsitzt, und verzahnen damit die beiden Schauplätze, indem sie die affektiven Qualitäten assimilieren."

Als Lecter am Ende des Films Starling aus einen unbekannten südlichen Land anruft und sie fragt, ob die Lämmer aufgehört hätten zu schreien, ist dieselbe Ambivalenz wie zuvor wieder da. Einerseits scheint Lecter den Kontakt zu Starling zu schätzen und interessiert sich für sie als Person und ihre psychische Verfassung, andererseits ist dieser Anruf auch bedrohlich, unterstreicht Lecters Omnipräsenz und suggeriert, dass Starling ihn wohl so schnell nicht loswerden wird. Das die Zuschauenden dabei in der Parallelmontage Lecter sehen und mitbekommen, wie er Dr. Chilton nachläuft, dem er anscheinend in seine Ferien gefolgt ist, begleitet von Lecters äusserst zweideutigen Bemerkung „I'm having an old friend for dinner", erinnert aber auch an Lecters Flucht und an seine bestialische Blutrünstigkeit. Das der Film mit dieser Szene endet, verstärkt wiederum, dass Hannibal Lecter trotz allem die wichtigste und faszinierende Figur des gesamten Films ist.

7. Charakterisierung der filmischen Atmosphären im Psychothriller am Beispiel von THE SILENCE OF THE LAMBS

In Kapitel 3 *Filmische Atmosphären. Definition und Stand der Forschung* wurde mithilfe von philosophischen und filmwissenschaftlichen Texten herausgearbeitet, wie der Begriff *filmische Atmosphäre* in diesem Kontext verstanden wird. Darauf aufbauend wurde dieser Begriff in der Analyse von THE SILENCE OF THE LAMBS angewendet, mit dem Ziel, aufzuzeigen, inwieweit die Gestaltungsmittel Ton und Farbe die Filmrezipienten beeinflussen können. Dabei wurden verschiedene Möglichkeiten der affektiven und subjektivierenden Beeinflussung der Rezipienten durch die filmische Atmosphäre herausgearbeitet. An dieser Stelle stellt sich nun die Frage, wie sich die filmische Atmosphäre des Psychothrillers im Spezifischen und im Allgemeinen definieren und beschreiben lässt. Die Beantwortung dieser Frage stellt einen weiteren Schritt im Verstehensprozess der Mechanismen des Psychothrillers und der Art und Weise seiner Rezeption dar und ermöglicht es auch, die Rolle der filmischen Atmosphären für die Wahrnehmung filmischer Inhalte besser zu durchleuchten.

Wie zuvor in Kapitel 3 erwähnt, lässt sich die filmische Atmosphäre als eine alles umfangende Stimmung beschreiben, welche dafür sorgt, dass ein bestimmtes filmisches Werk über seine gesamte Dauer hinweg einen einheitlichen emotionalen und affektiven Grundton beibehält. Diese Stimmung ist jedoch nicht nur objektiv gegeben, sondern muss auch subjektiv als solche wahrgenommen werden, denn nur in der Relation zwischen Objekt und Subjekt lässt sich von einer filmischen Atmosphäre sprechen. Die wichtigste Funktion der filmischen Atmosphäre ist es dabei, über die Stimmung direkte affektive Inhalte zu vermitteln und somit die Filmzuschauer maßgeblich in ihrer Wahrnehmung und Rezeption der Filminhalte zu beeinflussen. In Bezug auf das spezifische Genre des Psychothrillers habe ich in Kapitel 2 zusammengefasst, dass die meisten Theoretiker davon ausgehen, ein Hauptmerkmal dieses Genres sei das Element des *Thrills*, welches im Zuschauer starke instinktive Bauchgefühle, auch ambivalenter Natur, hervorruft. Dementsprechend war es eine der Annahmen dieser Untersuchung, dass sich für das Genre des Psychothrillers eine allgemeingültige und spezifische filmische Atmosphäre herausarbeiten lässt. Das Hauptcharakteristikum dieser Atmosphäre wäre demzufolge, dass sie im Zuschauer instinktive somatische Reaktionen bezüglich des Leinwandgeschehens auszulösen vermag. Dank der zuvor erfolgten Analyse von THE SILENCE OF THE LAMBS lassen sich nun diese Annahmen anhand eines konkreten Beispiels neu evaluieren und weitere Charakteristika herausarbeiten.

Die filmische Atmosphäre in THE SILENCE OF THE LAMBS ist ein hochpräzises Konstrukt, wobei die verschiedenen filmischen Ebenen jeweils einen bedeutenden Teil dazu beitragen, dass diese Atmosphäre den gesamten Film hindurch aufrechterhalten wird. Das Hauptziel scheint dabei zu sein, die Narration zu unterstützen, indem die filmische Atmosphäre durchgängig Gefühle der Furcht, des Schreckens, des Ekels und eines allgemeinen Unwohlseins vermittelt. Es handelt sich um wiederholte Ingressionserfahrungen in verschiedene Atmosphären, tatsächlich verändert sich diese in fast jeder Sequenz des Films, alle haben jedoch einige grundsätzliche Charakteristika gemein. Diese sind beispielsweise die Betonung der Kälte, wenn Hannibal Lecter involviert ist, oder das allgemeine Unwohlsein in den Szenen mit Buffalo Bill. Der übergreifende Ton des Films lässt sich als bedrückt, spannungsgeladen und unangenehm beschreiben, mit einzelnen Momenten, die sich als stark angsteinflößend oder aufwühlend bezeichnen lassen, wie die Flucht Hannibal Lecters. Um die filmischen Atmosphären in THE SILENCE OF THE LAMBS besser beschreiben zu können, wird im Folgenden auf die Affekte und die subjektivierenden Wirkungen zurückgegriffen, welche die einzelnen Szenen erzeugen.

Die Atmosphäre in der Szene des ersten Treffens zwischen Clarice Starling und Hannibal Lecter im Hochsicherheitstrakt der Psychiatrie lässt sich als figurengebunden charakterisieren. Schon bevor Hannibal Lecter überhaupt im Bild ist, dominiert er die Stimmung, und dieser Einfluss wird stärker, je näher Clarice Starling und die Zuschauer ihm kommen. Als atmosphärische Hauptmerkmale lassen sich eine intensive Kälte und eine starke Ablehnung gegenüber dem Handlungsort und seinen Insassen nennen. Interessanterweise ist es nicht möglich, festzuhalten, ob die Atmosphäre dieser Szene vom Ort, dem verliesartigen Hochsicherheitstrakt oder der Figur Lecters ausgeht. Am ehesten lässt sich von einer Verschmelzung von Ort und Figur sprechen, wie sie auch, aber auf ganz andere Art und Weise, im Falle von Buffalo Bill und seinem Haus zu bemerken ist. Auf der Ebene der ästhetischen und stilistischen Elemente arbeiten alle filmischen Mittel zusammen, um eine bestimmte Art von *Mood* und demzufolge Affekten zu erschaffen. Des Weiteren ist sicherlich auch die narrative und dramaturgische Ebene zu betonen. Die erzeugte Atmosphäre ist eine erdrückende, übergreifende, bedrohliche und furchterregende, welche eine ganze Reihe von affektiven Reaktionen auslöst. Dies sind zum größten Teil unmittelbare Affekte des Schreckens sowie der Angst und Anspannung. Hinzu kommt ein direkter Affekt der Ablehnung aufgrund des unangenehmen Grundgefühls. Letzterer ist ein durchgängig präsenter Affekt, welcher zwar nicht besonders intensiv ist und auch nicht unbedingt bewusst wahrgenommen wird, jedoch von der Dauer her die Sequenz am längsten begleitet, zusammen mit dem Affekt der Anspannung. Der Affekt der Ablehnung ist ein indirekter und instinktiver und beruht daher weniger auf bewussten kognitiven Vorgängen als auf einer Kombination aus ästhetisch beeinflussten Effekten und automatisierte Reaktionen auf filmische Konventionen und Stereotype. Die körperlichen Reaktionen auf den Affekt der Ablehnung und der Anspannung sind weniger offensichtlich als die Reaktionen auf einen Affekt des Schreckens, jedoch kann man in diesem Kontext von einem inneren psychischen und somatischen Gefühl der Anspannung ausgehen.

Die Affekte des Schreckens und der Angst sind eher punktueller Natur, aber dafür auch intensiver. Sie kommen in dieser Sequenz vor allem in Zusammenhang mit Miggs, dem Insassen in der Zelle neben Lecter, und Lecter selbst vor. Dank ihrer Handlungen oder Aussagen ermöglichen beide Figuren Momente des Schreckens, jedoch werden diese in Lecters Fall auch von einer entsprechenden ästhetischen und stilistischen Gestaltung begleitet. Es handelt sich also wiederum um Kombinationen zwischen direkten und indirekten Affekten. Der Unterschied zwischen Affekten der Angst und des Schreckens lässt sich insofern beschreiben, dass Erstere meist eine längere Dauer innehaben, also zum Beispiel eine Szene durchgängig begleiten, jedoch in ihrer Valenz und Intensität weniger stark ausgeprägt sind, während der Begriff *Schreckensaffekt* meist sehr kurze intensive Reaktionen bezeichnet. Dies bedeutet auch, dass ein Affekt der Angst sich meistens auf die Gesamtheit der filmischen Atmosphäre zurückführen lässt und der Affekt des Schreckens hingegen auf ein Überraschungselement angewiesen ist, einen bestimmten unerwarteten intensiven Reiz oder Auslöser innerhalb der Atmosphäre. Der Affekt der Angst ist ein direkter, ästhetisch ausgelöster und lässt sich in dieser Szene mit der Atmosphäre verbinden, vor allem im Hochsicherheitstrakt. Doch schon zuvor, während des langen Herabsteigens, wird diese Reaktion aufgebaut, ein Höhepunkt davon ist das starke rote Licht, bevor Starling den Kontrollraum betritt. Dieser Affekt der Angst unterstützt die zuvor besprochenen Affekte der Ablehnung und der

Anspannung und lässt sich als eher latent beschreiben. Deswegen sind auch hier die körperlichen oder somatischen Reaktionen nicht stark ausgeprägt. Jedoch trägt dieser Affekt zum *Mood* der Sequenz bei und hilft somit, den Aufbau der Schreckensmomente und -affekte zu unterstützen. Die Affekte des Schreckens lassen sich als intensive, aber nur kurz anhaltende Reaktionen klassifizieren, wobei das Erleben weiterhin sehr unangenehm ist und davon ausgegangen werden kann, dass eine somatische Reaktion (Zusammenfahren, Verziehen des Gesichts, Verkrampfung der Schultern, Schaudern) ausgelöst wird.

Ein weiteres wichtiges Merkmal der filmischen Atmosphäre dieser Szene ist die starke Subjektivierung, welche sie erzeugt. Clarice Starling wird von Beginn des Films an als Hauptfigur etabliert, wie auch unterstrichen wird, dass sie nur sehr wenige praktische Erfahrung beim FBI hat, da sie noch in der Ausbildung zur Profilerin ist. In dieser Sequenz wird der Zuschauer von Beginn an Starlings Perspektive angeglichen. Dies geschieht auf einer ersten Ebene über eine räumliche Gebundenheit, so befinden sich die Rezipienten stets an Starlings Seite, während Lecter sofort über die stilistische Ebene von ihr und den Zuschauenden abgegrenzt wird. Jedoch geht die Angleichung in diesem Fall über eine räumliche Gebundenheit hinaus. Zwar haben die Zuschauenden keinen Zugang zu Starlings Gedankenwelt und Überlegungen, jedoch fühlen sie durchgängig mit ihr mit. So lässt sich auch argumentieren, dass die filmischen Affekte, welche in dieser Sequenz ausgelöst werden, auch ein Produkt der starken Subjektivierung sind. Die Perspektive der Rezipienten ist so stark an die Perspektive Starlings angeglichen, dass dies automatisch auch bedeutet, dass die Rezipienten Starlings affektive Reaktion auf die Situation mitfühlen.

Anders funktioniert die filmische Atmosphäre in der Szene von Lecters Flucht. Diese Sequenz erweist sich als durchgängig grausam und schockierend, vor allem auch auf inhaltlicher Ebene. Die Atmosphäre unterstreicht diese Wirkung mehrheitlich, erschafft aber in einigen Momenten auch einen Kontrast zur Handlung. Das bedeutet, dass einige der Affekte auch aus einer gewissen Irritation heraus resultieren und dadurch verstärkt werden. Zum größten Teil unterstützt die Atmosphäre jedoch die Handlung und ist entsprechend brutal und grausam. Es handelt sich wiederum um eine übergreifende, bedrückende Atmosphäre, welche jedoch im Laufe der Sequenz eine Entwicklung durchläuft. Zu Beginn der Sequenz wird den Rezipienten sowohl auf inhaltlicher als auf atmosphärischer Ebene eine harmlose

Stimmung suggeriert. Die Erwartungen der Zuschauer formen sich gemäß diesem Eindruck und werden kurz darauf umso heftiger überworfen, als Handlung und Atmosphäre urplötzlich umschlagen. Während des Hauptteils der Sequenz ist die filmische Atmosphäre von Grausamkeit und Brutalität geprägt, parallel zur Handlung. In der letzten Einstellung der Sequenz ist die Atmosphäre hingegen wieder trügerisch ruhig und kontrastiert stark mit dem Bildinhalt und den affektiven Reaktionen auf die vorhergehenden Geschehnisse, welche immer noch stark im Rezipienten resonieren.

Auf affektiver Ebene lassen sich in erster Linie direkte und indirekte Affekte der angeekelten Abweisung und des Schreckens oder Schocks erkennen. Beide sind sowohl auf die Farbgestaltung (Blut, Blutspritzer, grau-metallische Objekte), als auch auf die akustische Ebene (unmenschliche Geräusche Lecters, dumpfes Einschlagen des Schlagstockes) zurückzuführen und begleiten die Szene fast durchgängig ab dem Moment, in dem Lecter Sergeant Boyle mit seinen eigenen Handschellen an die Gefängnisgitter ankettet. Der Affekt der Abweisung ist hier ein anderer als in der zuvor besprochenen Szene, denn während dieser Affekt sich zuvor hauptsächlich auf das übergreifende unangenehme und angespannte Gefühl zurückführen lässt, bezieht er sich hier mehr auf die Gewalt und das Blut und enthält somit ein Element des Ekels. Blut im Film löst im Allgemeinen oft eine indirekte, weil von Vorwissen und Assoziationen geprägte, affektive Reaktion aus, wobei schwer zu sagen ist, wie die individuelle körperliche Komponente des Affekts ausfällt. In der Tat kann diese stark variieren; von einem einfachen Verziehen der Mundwinkel bis zur Ohnmacht ist alles möglich, da jeder Mensch ein anderes Verhältnis zu Blut und eine andere somatische Reaktion darauf aufweist. Trotzdem kann gesagt werden, dass Blut meist einen unangenehmen Affekt auslöst, wobei in diesem spezifischen Fall die Komponente des Ekels vor allem auch auf die Art und Weise, wie Lecter sich in dieser Szene verhält, verweist. Hannibal Lecter genießt den Anblick von menschlichem Blut sichtlich, während die Rezipienten den Anblick und das Geräusch des spritzenden Blutes, welches Lecters Gesicht und Kleidung befleckt, als sehr unappetitlich empfinden. Dementsprechend dient hier die Bedeutung des Blutes selbst als Auslöser, zusammen mit der Tatsache, dass die gesamte Szene extrem brutal ist, dem Zuschauer jedoch nicht in seiner Gänze gezeigt wird. Dies hat den Effekt, dass es den Rezipienten überlassen wird, anhand der akustischen und visuellen Informationen das Geschehen zu rekonstruieren. Die

Blutspritzer und die Geräusche garantieren dabei, dass sich die Zuschauer eine besonders grauenvolle Szene vorstellen. Die Rezipienten sind also direkt in die Erschaffung des Filminhalts eingebunden, werden jedoch automatisch durch filmische Konventionen und Muster geprägt. Diese dienen in diesem Fall als stereotypes Vorwissen und beeinflussen die Affekterzeugung stark. Der Affekt des Schreckens oder Schocks ist hingegen kumulativ und steigert sich in seiner Intensität parallel zum Verlauf der Szene. Bei beiden Affekten handelt es sich um indirekte, unbewusste und instinktive Affekte, welche aber spätestens in der letzten Einstellung durch den starken Kontrast bewusst werden.

Im Gegensatz zu den zuvor besprochenen Szenen zeichnet sich Szene 3, in der Clarice Starling Buffalo Bill findet, weniger durch starke Affekte als durch eine intensive Stimmung aus. Zwar evozieren auch hier die atmosphärischen Elemente autarke affektive Reaktionen, jedoch erweisen sich diese als weniger signifikant. Von großer Bedeutung ist hingegen die Stimmung, welche stark bedrückend und unangenehm ist und sich als sehr vielschichtig und übergreifend bezeichnen lässt. Diese Atmosphäre unterstreicht in erster Linie die Gefühle, welche auf narrativer Ebene eingeführt werden, und dominiert somit die gesamte Sequenz. Die Wahrnehmung der Rezipienten wird auf diese Art auch dahingehend gelenkt, auf die wichtigen Elemente der Bildgestaltung zu achten, und fördert somit die Rezeption und Auswertung von Schlüsselkomponenten.

Was sich hier als wichtig erweist für den Psychothriller im Allgemeinen ist die Möglichkeit, diese Art der Atmosphäre über eine relativ unauffällige stilistische Gestaltung zu erschaffen, zu unterstreichen und dadurch die Wahrnehmung des filmischen Umfeldes seitens der Zuschauenden grundlegend zu beeinflussen. Die indirekten affektiven Wirkungen, die in dieser Sequenz besonders herausstechen, sind in erster Linie Affekte der Anspannung und Nervosität, welche sich als durchgängig und relativ intensiv, wenn auch eher latent, beschreiben lassen. Der Rezipient ist sich seiner Situation des Mehrwissens bewusst und ordnet aus diesem Grund diese Anspannung auch dieser Situation zu. Körperlich und somatisch äußert sich dieser Affekt in einem starken Zustand der Anspannung.

Die Analyse von THE SILENCE OF THE LAMBS erlaubt es festzustellen, dass ein Film, welcher als Psychothriller bezeichnet wird, die Rezipienten auf verschiedenen Ebenen beeinflusst. Eine dieser Ebenen ist diejenige der filmischen Atmosphäre. Diese funktioniert von Fall zu Fall entweder unabhängig von oder in Zusammenarbeit mit der Narration und ruft in den Zuschauenden eine Vielzahl an Reaktionen hervor. Die filmische Atmosphäre des Psychothrillers erweist sich dahingehend als spezifisch, als dass sie nicht nur versucht, die Rezipienten in einen Zustand der Anspannung zu versetzen, sondern diese auch tieferliegend affektiv zu beeinflussen. In den hier analysierten Szenen und im gesamten Film THE SILENCE OF THE LAMBS lassen sich Gemeinsamkeiten und wiederkehrende Funktionen der Atmosphäre festhalten, wie zum Beispiel die starke Subjektivierung der Zuschauerperspektive und die direkte und indirekte affektive Beeinflussung der Rezipienten. Beide Mechanismen erfolgen zum größten Teil unbewusst, haben aber signifikante Auswirkungen auf die Filmrezeption. Die starke Subjektivierung führt einerseits dazu, die Zuschauer durchgehend in das Filmgeschehen zu involvieren. Das bedeutet, dass das Interesse für den Filmverlauf gestärkt und die Sinne geschärft werden. Ein Zuschauer, der sich involviert fühlt, interessiert sich eher für das Geschehen als einer, der dem Ganzen nur aus einer außenstehenden Position folgt. Diese Art des erhöhten Bewusstseins fördert andererseits auch die affektive Involvierung der Zuschauer. Ein Rezipient, dessen Perspektive stark der einer Figur angeglichen ist, fühlt eher mit der Figur mit und entwickelt affektive Reaktionen. Nichtsdestotrotz können direkte affektive Reaktionen auch unabhängig von Figur und Narration erfolgen, nur anhand von stilistischen Reizen. Meistens sind diese Reize zwar unabhängig von der Narration, dienen schlussendlich aber trotzdem dazu, das Verständnis der Narration zu unterstützen, dies vor allem auf somatischer und instinktiver Ebene, um die Wahrnehmung der Zuschauer zu vervollständigen und die Narration plausibler zu machen. Hier kommt wiederum Christiane Voss' Begriff des Leihkörpers ins Spiel (vgl. Voss 2007: 319-320). Es lässt sich davon ausgehen, dass eine höhere körperliche und sinnliche Involviertheit seitens der Rezipienten ein vollständigeres Wahrnehmungserlebnis garantiert, was sicherlich auch über Erfolg und Misserfolg eines jeden medialen Produktes entscheidet.

An dieser Stelle lässt sich argumentieren, dass es sinnvoll ist, von einer spezifischen Atmosphäre des Psychothrillers zu sprechen. Die anfängliche Annahme, dass sich die Atmosphäre des Psychothrillers als erdrückend, bedrohlich und figurengebunden charakterisieren lässt, kann nach der Analyse bestätigt werden. In THE SILENCE OF THE LAMBS zeigt sich die filmische Atmosphäre als vielschichtiges und aufwändiges Konstrukt, welches die Rezipienten durchgängig die Bedrohlichkeit der Situation mitfühlen lässt. Großen Einfluss hat dabei auch die Gebundenheit der Atmosphäre an gewisse Figuren. Daraus lässt sich schließen, dass die inhaltliche und narrative Spezifizität des Psychothrillers, nämlich die Präsenz einer oder mehrerer ‚psychopathischer' Figuren, die Atmosphäre ebenfalls beeinflusst und sie von der filmischen Atmosphäre anderer Genres unterscheidet.

Der Psychothriller ist ein Genre, welches sehr stark von der Involviertheit seiner Zuschauer abhängig ist. Die Erwartungen, die ein Film dieses Genres erfüllen muss, beziehen sich einerseits auf die Grundstimmung und andererseits auf die Reaktionen die sie in den Rezipienten auslöst. Der *Thrill* lässt sich am ehesten als Grundstimmung der Anspannung und Abweisung beschreiben, beide erweisen sich in diesem Kontext jedoch als wünschenswert und werden somit positiv bewertet. Erweckt wird der *Thrill* über die filmische Atmosphäre, welche die Zuschauer somatisch beeinflusst und in einen vorbereitenden *Mood* versetzt, welcher in den Rezipienten die Spannung steigen lässt und Erwartungen weckt. Darüber hinaus wird der *Thrill* von den affektiven Reaktionen beeinflusst und vervollständigt. Die ebenso erwünschten affektiven Reaktionen sind zum größten Teil somatischer und instinktiver Art und bestehen hauptsächlich aus Affekten des Schreckens und der Angst. Das Objekt und der Auslöser der Affekte variieren dabei und alternieren oft zwischen rein ästhetischen Gestaltungsmitteln und Elementen des Vorwissens. Dabei werden Stimmungen und Affekte oftmals durch absichtliche kurze Momente der Verwirrung unterstützt, wobei die Rezipienten dazu angehalten werden, Erwartungen aufzubauen, welche danach nicht bestätigt werden. Die filmische Atmosphäre im Psychothriller unterstützt also die Ebene der Rezeption, indem sie gewisse Konventionen verwendet und somit die Erwartungen der Rezipienten, welche sich mit dem Genre bereits auskennen, ausnutzt und bestätigt. Außerdem trägt die filmische Atmosphäre dazu bei, den Körper und die Sinne der Rezipienten so vollständig wie nur möglich zu involvieren. Der Effekt all dieser verschiedenen Komponenten ist, wie dies Martin Rubin (1999: 6) beschrieben hat, die Rezipienten durchgängig affektiv zu beeinflussen und ihre psychosomatische Stabilität herauszufordern. Jede Sequenz stellt eine Aufforderung dar, sich nicht nur mit dem Inhalt auseinander zu setzen, sondern auch mit den filmischen Atmosphären und ihren Auswirkungen.

Diesbezüglich scheint es auch sinnvoll, an dieser Stelle kurz auf Hans J. Wulffs (2010: 199) Aussage zurückzukommen, wonach filmische Atmosphären und ihre Wirkungen von einem kulturabhängigen und erlernten Repertoire abhängig sind. Dies bedeutet, dass der Psychothriller seit seinem ersten Erscheinen in den 1960er-Jahren über die Jahre hinweg eigene Stereotype und Codes entwickelt hat, welche nicht nur die Narration, die Figurentypologie und den Einsatz spezifischer Stilmittel betreffen, sondern auch die Art von filmischer Atmosphäre, welche in diesem Genre erschaffen wird. Somit hat sich fortwährend ein Repertoire an Konventionen angesammelt, welches es ermöglicht, die Zuschauer anhand nur weniger Indizien in ihrer Rezeption zu leiten. Insofern kann man von der Tendenz, einzelne Szenen stark zu subjektivieren, als einer Konvention des Thrillers sprechen, welche den Zuschauer in seiner Rezeption beeinflusst und leitet. Auf ähnliche Art und Weise lassen sich die Hauptaffekte Angst, Ablehnung und Schrecken als Konventionen des Psychothrillers bewerten, welche nicht nur das Seherlebnis der Rezipienten beeinflussen, sondern auch deren Erwartungen, welche ebenfalls kulturell erlernt sind, entsprechen. Dasselbe gilt mit großer Wahrscheinlichkeit auch für den Einsatz der stilistischen Mittel. In diesem Sinne lässt sich von einer affektiven Kodierung bestimmter stilistischer Elemente sprechen, welche sich über die Zeit entwickelt hat und von Stereotypen, Konventionen und Codes abhängig ist und während des Seherlebnisses automatisch aktiviert und abgerufen wird.

8. Schlussbetrachtungen und Fazit

Der Ausgangspunkt dieser Untersuchung war die Frage, wie sich die Wahrnehmung von filmischen Inhalten beschreiben lässt und wie diese sich auf den Zuschauer auswirken. Es wurde davon ausgegangen, dass die Wahrnehmung filmischer Inhalte sich aufgrund der spezifischen Eigenschaften des Mediums von der alltäglichen menschlichen Wahrnehmung unterscheidet und anderen Regeln unterliegt. Anhand einer breiten Auswahl an Texten wurde ein theoretisches Konstrukt aufgebaut, welches es in der darauffolgenden Analyse ermöglichte, das Genre des Psychothrillers auf seine filmische Atmosphäre und deren affektive und subjektivierende Wirkungen zu untersuchen. Die zu Beginn festgelegten Annahmen und Thesen besagen, dass das Tondesign und die Farbgestaltung eines Films, über die Erschaffung filmischer Atmosphären, die Rezipienten merklich in ihrer Wahrnehmung der Filminhalte beeinflussen. Darauf aufbauend wurde angenommen, dass dies einerseits über die atmosphärischen Qualitäten dieser Gestaltungsmittel geschieht und andererseits über affektive und subjektivierende Funktionen, die diese innehaben. Die Analyse des Film THE SILENCE OF THE LAMBS bestätigt, dass Tondesign und Farbgestaltung in der Tat Funktionen einnehmen, die über die narrative Ebene hinausgehen. Diese Funktionen sind zu einem großen Teil mit den klanglichen, materiellen, haptischen und sensorischen Qualitäten der Filmerfahrung verbunden und vermögen es, die Rezipienten physiologisch zu berühren und somit die Filmerfahrung zu einem ganzkörperlichen Prozess zu machen. Dabei lassen sich übergreifende Funktionen von Tondesign und Farbgestaltung feststellen, welche oftmals mit derselben Absicht eingesetzt werden, sich gegenseitig in der Wirkung unterstützen oder diese erst in der Kombination richtig erzielen. Somit lässt sich sagen, dass filmische Wahrnehmung eine sinnliche und multisensorische Erfahrung ist und, dass sich filmische Inhalte nur durch das Involvieren aller Sinne und des gesamten menschlichen Körpers in ihrer Vollständigkeit wahrnehmen lassen. Darüber hinaus erweisen sich verschiedene Arten des Vorwissens für bedeutsam, da sie Affekte verstärken oder gar hervorrufen können.

Schließlich kann argumentiert werden, dass die Analyse der atmosphärischen, affektiven und subjektivierenden Ebenen des Films es ermöglichen kann, ein besseres und vollständigeres Verständnis der Wahrnehmungsmechanismen und der

Filmrezeption zu erreichen. Dabei kann auch die Rolle des aktiven Zuschauers dahingehend als erweitert betrachtet werden, als dass dieser nicht nur kognitiv in die Rezeption involviert ist, sondern auch körperlich und somatisch. Der Körper der Rezipienten wird somit zu einem Ersatzkörper für das immaterielle Medium Film und ist direkt in die Wahrnehmung filmischer Inhalte beteiligt. Einen weiteren wichtigen Beitrag leisten instinktive, und zum größten Teil unbewusste, affektive Reaktionen und Mechanismen der Subjektivierung. Die Filmerfahrung wird somit zu einer Erfahrung, welche die Rezipienten auf verschiedensten Ebenen involviert und herausfordert. Wünschenswert wäre in diesem Zusammenhang eine vollständigere Analyse, bei der alle filmischen Ebenen genau unter die Lupe genommen und berücksichtigt werden. Was sich in dieser Studie aus verschiedenen Gründen nicht machen ließ, erweist sich also als mögliches und interessantes Forschungsfeld für die Zukunft. Mediale Inhalte erweisen sich immer mehr nicht nur als unterhaltend, sondern auch als eine Möglichkeit, die Rezipienten zu beeinflussen und zu steuern. Es ist demnach unentbehrlich, dass diese Art von Mechanismen tiefergehend analysiert und verstanden werden.

Unbeantwortet bleibt auch die Frage, inwiefern sich die filmische Atmosphäre des Psychothrillers von der verwandter Genres, wie zum Beispiel anderen Gattungen des Thrillers oder dem Horrorfilm, unterscheiden lässt. Eine mögliche These ist an dieser Stelle die, dass sich andere Gattungen des Thrillers wahrscheinlich dadurch unterscheiden, dass ihre Atmosphäre weniger Figurengebunden und bedrohlich ist. Die Figurengebundenheit scheint, wie bereits erwähnt, von der Figur des ‚Psychopathen' abhängig zu sein, welche in den anderen Thriller-Gattungen fehlt. Da ein großer Teil der bedrohlichen Qualität der filmischen Atmosphäre im Psychothriller von dieser Figur ausgeht, lässt sich darauf schließen, dass beispielsweise der Detektiv-Thriller weniger bedrohlich wirkt als der hier behandelte Psychothriller. Der Unterschied zum Horrorfilm erweist sich als komplizierter. So kann davon ausgegangen werden, dass viele der Hauptmerkmale der filmischen Atmosphäre dieselben sind, wie auch die Hauptaffekte Schreck, Angst und Abweisung. Dementsprechend muss angenommen werden, dass die Beantwortung dieser Frage nur über eine tiefergehende vergleichende Analyse der zwei Genres erreicht werden kann. Nichtsdestotrotz lässt sich an dieser Stelle bekräftigen, dass die Analyse der filmischen Atmosphäre sich sowohl als nützliches filmwissenschaftliches Werkzeug erweist, als auch als ein Weg, genretheoretische Debatten zu erweitern und zu vervollständigen.

9. Bibliografie

Publikationen und Artikel

Aguado Luzón, Virginia (2002). „Film Genre and its Vicissitudes. The Case of the Psychothriller". In: *Atlantis*, Bd. 24, Nr. 1, Juni 2002, S. 163-172.

Altman, Rick (1984). „A Semantic/Syntactic Approach to Film Genre". In: *Cinema Journal*, Bd. 23, Nr. 3 (Frühling 1984), S. 6-18.

Aumont, Jacques (1995). „Des couleurs à la couleur". In: ders. (Hg.): *La couleur en cinéma.* Mailand: Mazzotta, S. 30-49.

Barker, Jennifer M. (2009). *The Tactile Eye. Touch and the Cinematic Experience.* Berkeley: University of California Press.

Bordwell, David (1985). *Narration in the Fiction Film.* Madison: University of Wisconsin Press.

Böhme, Gernot (1995). *Atmosphäre. Essays zur neuen Ästhetik.* Frankfurt a.M.: Suhrkamp.

────── (2001). *Aisthetik. Vorlesungen über Ästhetik als allgemeine Wahrnehmungslehre.* München: Willhelm Fink Verlag.

Branigan, Edward (2005). „The Articulation of Color in a Filmic System. DEUX OU TROIS CHOSES QUE JE SAIS D'ELLE". In: Dalle Vacche, Angela; Price, Brian (Hg.): *Color. The Film Reader.* New York: Routledge, S. 170-182.

Brinckmann, Christine N. (1999). „Somatische Empathie bei Hitchcock". In: Brinckmann, Christine N.; Hartmann, Britta (Hg.) (2014). *Farbe, Licht, Empathie. Schriften zum Film 2.* Marburg: Schüren, S. 108-126.

────── (2001). „Filmische Farbe als Abbild und Artefakt". In: Brinckmann, Christine N.; Hartmann, Britta (Hg.) (2014). *Farbe, Licht, Empathie. Schriften zum Film 2.* Marburg: Schüren, S. 20-45.

Bronfen, Elisabeth (1996). „Killing Gazes, Killing in the Gaze. On Michael Powell's Peeping Tom". In: Salecl, Renata; Zisek, Slavoj (Hg.). *Gaze and Voice as Love Objects.* Durham/London: 1996, S. 59-89.

Bruno, Giuliana (2014). *Surface. Matters of Aesthetics, Materiality, and Media.* Chicago: University of Chicago Press.

Carroll, Noël (1999). „Film, Emotion, and Genre". In: Plantinga, Carl; Smith, Greg M. (Hg.). *Passionate Views. Film, Cognition, and Emotion.* London: The Johns Hopkins University Press, S. 21-47.

Chion, Michel (1990). *L'audio-vision. Son et image au cinéma.* Paris: Armand Colin.

Deppner, Martin Roman (1998). „Zur Farbdramaturgie Douglas Sirks. Kunstrezeption im Spielfilm zwischen Farbautononmie und Farbbedeutung". In: Hoormann, Anne; Schawelka, Karl (Hg.). *Who's afraid of. Zum Stand der Farbforschung.* Weimar: Universitätsverlag, S. 303-334.

Dyer, Richard (2007). *Pastiche.* London, New York: Routledge.

Eder, Jens (2005). „Affektlenkung im Film. Das Beispiel *Triumph des Willens*". In: Grau, Oliver; Keil, Andreas (Hg.): *Mediale Emotionen. Zur Lenkung von Gefühlen durch Bild und Sound.* Frankfurt am Main: Fischer, S. 107-132.

————— (2007). „Gefühle im Wiederstreit. *A Clockwork Orange* und die Erklärung audiovisueller Emotionen". In: Bartsch, Anne; Eder, Jens; Fahlenbrach, Kathrin (Hg.): *Audiovisuelle Emotionen. Emotionsdarstellung und Emotionsvermittlung durch audiovisuelle Medienangebote.* Köln: Halem, S. 256-276.

Everett, Wendy (2007). „Colour as Space and Time. Alternative Visions in European Film". In: dies. (Hg.): *Questions of Colour in Cinema. From Paintbrush to Pixel.* Bern: Peter Lang, S. 105-126.

Flückiger, Barbara (2001). *Sound Design. Die virtuelle Klangwelt des Films.* Marburg: Schüren.

Golde, Inga (2002). *Der Blick in den Psychopathen. Struktur und Wandel im Hollywood-Psychothriller.* Kiel: Verlag Ludwig.

Gorfinkel, Elena (2008). "Cult Film or Cinephilia by Any Other Name". In: *Cinéaste*, 34,1, S. 33-38.

Hanich, Julian (2010). *Cinematic Emotion in Horror Films and Thrillers. The Aesthetic Paradox of Pleasurable Fear.* New York: Routledge.

Heinrichs, Sonja (2011). *Erschreckende Augenblicke. Die Dramaturgie des Psychothrillers.* München: Herbert Utz.

Hentschel, Frank (2011). *Töne der Angst. Die Musik im Horrorfilm.* Berlin: Bertz + Fischer.

Itten, Johannes (1961). *Kunst der Farbe. Subjektives Erleben und objektives Erkennen als Wege zur Kunst.* Ravensburg: Otto Meier.

Johnson, William (1980). „PEEPING TOM. A Second Look". In: *Film Quarterly*, 33,3, S. 2-10.

Kappelhoff, Hermann (2007). „Die vierte Dimension des Bewegungsbildes. Das filmische Bild im Übergang zwischen individueller Leiblichkeit und kultureller Fantasie". In: Bartsch, Anne; Eder, Jens; Fahlenbrach, Kathrin (Hg.): *Audiovisuelle Emotionen. Emotionsdarstellung und Emotionsvermittlung durch audiovisuelle Medienangebote.* Köln: Halem, S. 297-311.

Keating, Patrick (2010). *Hollywood Lighting from the Silent Era to Film Noir.* New York: Columbia University Press.

Marks, Laura U. (2000). „Video Haptics and Erotics". In: dies.: *Touch. Sensuous Theory and Multisensory Media.* Minneapolis: University of Minnesota Press, S. 1-20 [Ursprünglich erschienen in: *Screen*, 39, 4, 1998, S. 331-348].

Marschall, Susanne (2009). *Farbe im Kino.* Marburg: Schüren.

Morsch, Thomas (1997). „Der Körper des Zuschauers. Elemente einer somatischen Theorie des Kinos". In: *Medienwissenschaft*, 3, 1997, S. 271-289.

Plantinga, Carl (2009). *Moving Viewers. American Film and the Spectator's Experience.* Berkeley: University of California Press.

Rauh, Andreas (2012). „Atmosphären. Wahrnehmungen im Umfeld der Kunst". In: Goetz, Rainer; Graupner, Stefan (Hg.): *Atmosphäre(n) II. Interdisziplinäre Annäherungen an einen unscharfen Begriff.* München: Kopaed, S. 193-208.

Riedel, Peter (2007). „Jenseits des Sinnprinzips. Zur Bildästhetik Slawomir Idziaks". In: Kirchner, Andreas; Neubauer, Michael; Prümm, Karl; Riedel, Peter: *Ein Architekt der Sinnlichkeit. Die Farbwelten des Kameramanns Slawomir Idziak.* Marburg: Schüren, S. 101-114.

Rubin, Martin (1999). *Thrillers.* Cambridge: Cambridge University Press.

Ryall, Tom (1998). „Genre and Hollywood". In: Hill, John; Church Gibson, Pamela (Hg.). *The Oxford Guide to Film Studies.* Oxford: Oxford University Press, S. 327-338.

Schmitz, Hermann (2012). „Atmosphärische Räume". In: Goetz, Rainer; Graupner, Stefan (Hg.): *Atmosphäre(n) II. Interdisziplinäre Annäherungen an einen unscharfen Begriff.* München: Kopaed, S. 17-30.

Smith, Greg M. (1999). „Local Emotions, Global Moods, and Film Structure". In: Plantinga, Carl; Smith, Greg M. (Hg.). *Passionate Views. Film, Cognition, and Emotion.* London: The Johns Hopkins University Press, S. 103-126.

Smith, Murray (1994). „Altered States: Character and Emotional Response in the Cinema". In: *Cinema Journal*, Bd. 33, No. 4 1994, S. 34-56.

——— (1995). *Engaging Characters. Fiction, Emotion, and the Cinema.* Oxford: Clarendon Press.

Sobchack, Vivian (1992). *The Address of the Eye. A Phenomenology of Film Experience.* Princeton: Princeton University Press.

Thompson, Kristin (1981). „The Concept of Cinematic Excess". In: Braudy, Leo; Cohen, Marshall (Hg.) (1999). *Film Theory and Criticism. Introductory Readings (5. Edition).* Oxford: University Press, S. 487-498.

Tröhler, Margrit (2012). „Einleitung. Filmische Atmosphären – eine Annäherung". In: Brunner, Philipp; Schweinitz, Jörg; Tröhler, Margrit (Hg.): *Filmische Atmosphären.* Marburg: Schüren, S. 11-21.

Vilotic, Zorica (2013). *Atmosphäre im Spielfilm. Exemplarische Analyse der Evokation von Angst im Horrorfilm.* Hamburg: Diplomica Verlag.

Voss, Christiane (2004). *Narrative Emotionen. Eine Untersuchung über Möglich keiten und Grenzen philosophischer Emotionstheorien.* Berlin: Walter de Gruyter.

——— (2007). „Narrativität, Emotion und kinematographische Illusion aus philosophischer Sicht". In: Bartsch, Anne; Eder, Jens; Fahlenbrach, Kathrin (Hg.):. *Audiovisuelle Emotionen. Emotionsdarstellung und Emotionsvermittlung durch audiovisuelle Medienangebote.* Köln: Halem, S. 312-329.

Wiegand, Daniel (2012). „'Die Wahrheit aber ist es nicht allein'. Zur Idee der Stimmung im Film nach 1910". In: Brunner, Philipp; Schweinitz, Jörg; Tröhler, Margrit (Hg.): *Filmische Atmosphären.* Marburg: Schüren, S. 193-209.

Wulff, Hans J. (2006). „Emotionen, Affekte, Stimmungen: Affektivität als Element der Filmrezeption. Oder: Im Kino gewesen, geweint (gelacht, gegruselt...) – wie es sich gehört! [Für Thomas Koebner zum Geburtstag]". In: Liptay, Fabienne; Marschall, Susanne (Hg.). *Mit allen Sinnen. Gefühl und Empfindung im Kino.* Marburg: Schüren, S. 17-31.

——— (2012). „Prolegomena zu einer Theorie des Atmosphärischen Film". In: Brunner, Philipp; Schweinitz, Jörg; Tröhler, Margrit (Hg.): *Filmische Atmosphären.* Marburg: Schüren, S. 109-123.

Internetressourcen

IMDb (Internet Movie Database) (o.J.). „The Silence of the Lambs (1991). Technical Specifications".URL: http://www.imdb.com/title/tt0102926/technical?ref_=tt_dt_spec [Zugriff am 23.04.15]

ShotOnWhat? (o.J.). „The Silence of the Lambs (1991)".
URL: https://shotonwhat.com/the-silence-of-the-lambs-1991.html
[Zugriff am 14.06.15]

Timeline of Historical Filmcolors (o.J.). „Eastman Color Print Film 5384 / 7384".
URL: https://zauberklang.ch/filmcolors/timeline-entry/8129/#/
[Zugriff am 23.04.15]

10. Filmografie

THE SILENCE OF THE LAMBS, USA 1991

Regie: Jonathan Demme, Buch: Ted Tally, Kamera: Tak Fujimoto, Musik: Howard Shore, Darsteller: Anthony Hopkins, Jodie Foster, Ted Levine, Scott Glenn, Anthony Heald, 118 Min. DVD: MGM Home Entertainment 2004

Weitere Filme

GENTLEMEN PREFER BLONDES. Howard Hawks, USA 1953.

(DVD: Twentieth Century Fox Home Entertainment, 2005)

PEEPING TOM. Michael Powell, GB 1960.

(DVD: The Criterion Collection, 1999)

PSYCHO. Alfred Hitchcock, USA 1960.

(DVD: Universal Home Video, 1998)

SEVEN. David Fincher, USA 1995.

(DVD: VLC Communications, 2001)

RED DRAGON. Brett Ratner, USA 2002.

(DVD: Universal Home Video, 2005)

BATMAN BEGINS. Christopher Nolan, USA 2005.

(DVD: Warner Home Video, 2013)

LOADED WEAPON. Gene Quintano, USA 1993.

11. Abbildungsverzeichnis

Sämtliche Abbildungen sind den oben aufgeführten DVDs der entsprechenden Filme entnommen.

Anhang 1: Sequenzprotokolle

THE SILENCE OF THE LAMBS – Szene 1: Das erste Treffen. 08:33-17:42
Dr. C. = Dr. Chilton; C. S. = Clarice Starling; H. L. = Hannibal Lecter; B. = Barney; M. = Miggs.

#	Zeit	Bild	Musik	Geräusche	Sprache	Farbe	Licht und Schatten
0	08:33 - 08:43	Kameraschwenk verfolgt C. S. und Dr. C. wie sie aus Dr. C.'s Büro hinaustreten und in Richtung Treppenhaus gehen. Die Einstellungsgröße variiert von Totale bis Nahaufnahme. Die Kamera filmt zu Beginn durch eine gitterartige Fensterwand, wodurch der Eindruck entsteht, C. S. und Dr. C. befänden sich hinter Gittern.		Schritte hohl klappernd, leicht hallend auf Holz im Hintergrund; Sprechen murmelnd im Hintergrund; Vogel zwitschernd ganz leise.	Dr. C.: We've tried to study him, of course, but he's much too sophisticated for the standard tests. And oh my, does he hate us. Thanks I'm his nemesis.	Dr. C. trägt einen hellbraunen Anzug. C. S. trägt grau und weiß, zwei braune Ledertaschen und einen satten dunklen waldgrünen Mantel. Farben allgemein im Braun- und Graubereich, eher blass, dunkel, matt und kalt. Einzig das dunkelbraune Holz glänzt ölig und reflektiert das Licht. Hintergrund (Wände) in schmutzigem Weiß, bildet Kontrast. Einzelne Farbtupfer (blau, rot, gelb, grün), jedoch blasse, matte Farben. Gesamteindruck eher farbenarm und blass. Haut erscheint sehr hell und blass.	Standardbeleuchtung, gleichmäßiges, naturalistisches Licht. Unauffällig.
1	08:43 - 08:51	Kamera filmt Treppenhaus aus der Höhe, verfolgt Dr. C. und C. S. durch einen vertikalen Schwenk nach unten wie sie die Treppe hinabsteigen. Das Bild wird zum Großteil vom Treppenhaus besetzt, wodurch eine geometrische Bildgestaltung mit einem zentralen Abstieg entsteht, was den Eindruck des Hinabsteigens unterstützt. Einstellungsgröße Totale.		Türe aufschlagend dumpf laut; Türe quietschend und zuschlagend dumpf laut; Schritte klappernd hohl, leicht hallend auf Holz; Hall wird stärker als sie hinabgehen (Stimme).	Dr. C.: Crawford's very clever, isn't he, using you? C. S.: What do you mean, sir? Dr. C.: A pretty, young woman to turn him on?	Dunkelbraun als prominenteste Farbe, braun-grauer Boden, hellbraun. Glänzende Reflexe auf dem Holzgeländer und dem (Linoleum?) Boden. Die Farben wirken eher kalt und gräulich.	Standardbeleuchtung wie zuvor, etwas mehr Schatten, jedoch immer noch unauffällig.
2	08:51 - 09:04	Kamera filmt von vorne während die Figuren einen dunklen Korridor entlang auf sie zu gehen. Einstellungsgröße von amerikanisch bis groß. Teilweise unscharf. Kamera schwenkt zwischen Dr. C. und C. S. während d. Unterhaltung. Im Hintergrund ist kurz ein Insasse zu sehen, der von zwei Beamten geführt wird.		Schritte klappernd hohl hallend auf Holz, prominent; Metall klickend (Tasche?); UKO glasern klimpernd im Hintergrund; Heiser unverständliches Protestieren d. Insassen im Hintergrund; Starker Hall (Stimme).	Dr. C.: I don't believe Lecter's ever seen a woman in eight years, and oh, are you ever his taste, so to speak. C. S.: I graduated from UVA, doctor, it's not a charm school. Dr. C.: Good, then you should be able to remember the rules.	Blaustichiges dunkles Grau. Lichtverhältnisse verdunkeln alle Farben und treiben sie in Richtung Grau. Clarice sehr blass und weiß.	Low-key Beleuchtung. Licht simuliert sie vereinzelten Lichtquellen (Neonröhren) an der Decke. Starke Schatten zwischen den Neonröhren. Oberlicht punktuell, zusätzlich durchgängiges Effektlicht von hinten, hebt Figuren von der dunklen Umgebung ab.

Tondesign und Farbgestaltung als affektive und subjektivierende Stilmittel

3	09:04 – 09:22	Dr. C. und C. S. gelangen zu einem weiteren Korridor. Die Kamera fährt zuerst auf sie zu, schwenkt danach ab und fährt hinter ihnen her. Zu Beginn befindet sich ein eisernes Gittertor zwischen der Kamera und den Figuren, wieder sind die Figuren hinter Gittern. Tor wird jedoch geöffnet damit die Figuren durchkommen. Am Ende des Korridors befindet sich ein weiteres Tor, welches ebenfalls geöffnet und wieder verschlossen wird. Die Wände sind aus rechteckigen Steinen.	Metallisch quietschendes Metalltor prominent (zweimal); Metalltor knallend prominent; Metallischer Schlüssel klimpernd prominent; Schritte schlagend auf hartem Boden leise; Polizeifunk unverständlich metallisch hallend durchgängig im Hintergrund; Atmosphärische hallendes dröhnend, brummend durchgängiges Hintergrundgeräusch (UKO); Rhythmisches dröhnen einer Maschine; Starker Hall		Dr. C.: Do not touch the glass, do not approach the glass. You don't pass him anything but soft paper, no pencil, no pens. No staples or paperclips in his paper. Use the sliding food carrier, no exceptions. If he attempts to pass you anything, do not accept it. Do you understand me? C. S.: Yes I understand sir.	Steinwand des Korridors in hellem blassen Beige-Grau. Farbe variiert auf Grund der Lichtverhältnisse und wirkt bei fehlendem Licht gräulich. Die Beamten tragen Dunkelblau, die Farbe erscheint jedoch blass und dunkel. Insassen tragen Beige und Weiß, wie die Wände. Das Tor ist schwarz/braun, das Metall reflektiert leicht das Licht.	Unauffällige Lichtsetzung, diegetische Lichtquellen jeweils an rechter und linker Seite des Korridors in gleichmäßigen Abständen, erhöht. Zwischenräume mit großen Schattenflächen.
4	09:22 – 09:39	Kamera in Untersicht filmt Dr. C. und C. S. wie sie eine kurze Treppe hinabsteigen und auf ein rot beleuchtetes Tor zuschreiten. Einstellungsgröße von Halbtotale bis groß, die Kamera ist zuerst statisch, fährt dann auf die Figuren zu. Figuren befinden sich wieder hinter Gittern. Bildkomposition wird dominiert von den vertikalen Gitterstäben des Tors im Vordergrund und den horizontalen Treppenstufen im Hintergrund. Dr. C. und C. S. werden durch einen Gitterstab voneinander getrennt. Zu Ende der Einstellung öffnet sich das Tor.	Durchgängig atmosphärisch hallendes dröhnendes brummendes Hintergrundgeräusch (UKO); Schritte schlagend auf hartem Boden, hallend, leise; Schlüssel metallisch klackend im Schlüsselloch; Kleider leise raschelnd; Automatische Türe alarmartig mechanisch dröhnend und zuschlagend; Starker Hall		Dr. C.: I'm going to show you why we insist on such precautions. On the afternoon of July 8, 1981, he complained of chest pains and was taken to the dispensary. His mouthpiece and restraints were removed for an EKG. When the nurse bent over him, he did this to her.	Hauptfarben wie vorherige Einstellung. Einsatz von starkem, rotem Licht. Das metallische Tor erscheint Blutrot. Das Licht färbt im weiteren Verlauf auch C. S. und Dr. C. ein. Dadurch wird ihre Haut rot und ihre Kleidung bräunlich. Im Hintergrund viel Schwarz und Dunkelgrau (Lichtverhältnisse).	Tor im Vordergrund stark rot Beleuchtet. Mauer oben Mitte reflektiert ein Oberlicht. Frühringslicht von vorne oben, zusätzlich Fülllicht von hinten. Gegen Ende der Einstellung dominiert das rote Licht, welches auch Kleidung und Haut d. Figuren einfärbt. Zusätzlich Haarlicht.
5	09:39 – 09:44	Großaufnahme v. C. S's Gesicht in der rechten Bildhälfte, im Hintergrund rechts unten unscharf die Rückseite der Fotografie. Kamera in Untersicht, statisch.	Durchgängig atmosphärisch hallendes dröhnendes brummendes Hintergrundgeräusch (UKO) prominent; Hall (Stimme).		Dr. C.: The doctors managed to re-set her jaw, more or less, and save one of her eyes.	Einstellung fast gänzlich rot eingefärbt. C. S's Haut ist rot, wie auch die Fotografie. Auf der Haut erscheint ein sattes, fast brillantes Rot. Hintergrund und Schatten Dunkelbraun.	Starkes rotes Licht von links färbt den Vordergrund. Hintergrund nicht betroffen. Zusätzliches Fülllicht von hinten oben rechts (zeichnet sich auf den Haaren ab). Das rote Licht erzeugt starke Schatten in C. S's rechter Gesichtshälfte.

Anhang 1: Sequenzprotokolle

THE SILENCE OF THE LAMBS – Szene 1: Das erste Treffen. 08:33-17:42
Dr. C. = Dr. Chilton; C. S. = Clarice Starling; H. L. = Hannibal Lecter; B. = Barney; M. = Miggs.

6	09:44 - 09:49	Detailaufnahme v. Dr. C. aus Obersicht, Kamera statisch.		Dr. C.: His pulse never got above eighty-five, even when he ate her tongue.	Wie 5.	Starkes rotes Licht von rechts, färbt fast die gesamte Einstellung. Rechte Gesichtshälfte von Dr. C. im Schatten. Licht reflektiert in der linken Seite seiner Augen, diese Lichtquelle ist jedoch ansonsten nicht bemerkbar.
7	09:49 - 10:01	Einstellung beginnt in Großaufnahme, danach Kamerafahrt rückwärts als Dr. C. auf die Kamera zuläuft, Einstellungsgröße wechselt zu Großaufnahme. Danach statische Kamera während C. S. spricht.	Durchgängig atmosphärisch hallendes donnerndes brummendes Hintergrundgeräusch (UKO) prominent; Fotografie scharf knickend und raschelnd; Schritt klopfend leise; Automatische Türe alarmartig mechanisch dröhnend und zuschlagend; Metallischer Schlüssel klackend in Schlüsselloch; Metallische Türe quietschend und schleifend aufgehend; Hall.	Dr. C.: I keep him in here... C. S.: Dr. Chilton. If Lecter feels that you're his enemy, then, well maybe we'll have more luck if I go in by myself.	Wie 5. Wie 4. Das Rot wird intensiver als sie vom Tor wegtreten. Weiße Wand und Tor erscheinen ebenfalls rot, nur der Hintergrund ist weiß-grau. Als die zusätzliche Lichtquelle von hinten einsetzt, wird das Rot heller und Dr. C.s Haut erscheint wieder in ihrem Normalton.	Beginnt wie 5, als die Figuren sich bewegen werden sie gänzlich in rotes Licht eingetaucht, nur der Hintergrund ist nicht betroffen. Als vor ihnen (d.h. hinter der Kamera) die Türe aufgeht, kommt eine zusätzliche, helle Lichtquelle von hinten links dazu, diese neutralisiert jedoch das rote Licht nicht.
8	10:01 - 10:09	Reverse shot auf Dr. C., Großaufnahme. C. S.s Kopf bedeckt die rechte Bildhälfte, links Dr. C. und links im Hintergrund unscharf B. in der Türe.	Durchgängig atmosphärisch hallendes donnerndes brummendes Hintergrundgeräusch (UKO) prominent; Maschine automatisch rhythmisch piepsend hallend.	C. S.: What do you think? Dr. C.: You might have suggested this in my office and saved me the time.	Wie zuvor rotes Licht welches den Vordergrund einfärbt, B. im Mittelgrund links weiß gekleidet, reflektiert eine weitere Lichtquelle. Hintergrund (Steinmauer) dunkelgrau.	Vordergrund mit C. S. und Dr. C. immer noch rot beleuchtet, Lichtquelle rechts oben. Starke Schatten auf Dr. C.s linker Seite. Der Hintergrund wird hingegen durch ein helles Licht von rechts oben (Lichtquelle im hinteren Raum) beleuchtet, welches ebenfalls starke Schatten auf der linken Seite erzeugt.
9	10:09 - 10:14	Reverse shot zurück auf C. S., gleich wie 7.		C. S.: Yes, but then I, I would have missed the pleasure of your company, sir.	Wie 7.	Wie 7.
10	10:14 - 10:23	Gleich wie 8. Als Dr. C. das Bild verlässt leichter Schwenk nach links, Kamera verfolgt C. S., die in den Kontrollraum eintritt. Im Hintergrund sind vertikale Gitter zu sehen.	Durchgängig atmosphärisch hallendes donnerndes brummendes Hintergrundgeräusch (UKO) prominent; Maschine automatisch rhyth-	Dr. C. (zu Barney): When she's finished bring her out.	Wie 8.	Wie 8. Als C. S. sich auf B. zubewegt nimmt das rote Licht ab. Weiße Türe und B s Kleidung erscheinen ganz leicht rosa.

107

Tondesign und Farbgestaltung als affektive und subjektivierende Stilmittel

11	10:23 - 10:28	Kamera von vorne rechts auf C. S., die in den Raum Eintritt. B. schließt die Tür. C. S. geht auf Kamera zu, Einstellungsgroße groß.	misch piepsend hallend; Schuhe schleifend auf hartem Boden; Kleider leise raschelnd; Schnitte hohl hallend klopfend Durchgängig atmosphärisch hallendes dommendes brummendes Hintergrundgeräusch (UKO) prominent; Maschine automatisch rhythmisch piepsend hallend; Metallische Tür knarrend quietschend schleifend und dumpf zuschlagend. Metallischer Schlüssel klimpernd. Schnell piepsende Maschine.		Erste Bilder vom Kontrollraum sehr weiß (Türe, Wand, B.s Kleidung, C. S.s Oberteil). Rote Akzente (Tor, Dr. C. im Hintergrund, Blätter auf Pinnwand). Ansonsten viel Grau und gräuliche Farben. C. S.s Haut erscheint etwas weniger blass und wärmer.	Helles Licht von links oben, wirft starke Schatten. Vordergrund im Gegensatz zu Hintergrund im Schatten.
12	10:28 - 10:51	P.O.V Kameraschwenk von links nach rechts, verteilt Eindruck eines 180 Grad Schwenks. Kamera kommt auf B. zu stehen, Einstellungsgroße groß. Einstellung dokumentiert Inhalt des Raumes, u. a. drei Überwachungsbildschirme, eine Zelle, zwei weitere Männer, Waffenlager.	Durchgängig atmosphärisch hallendes dommendes brummendes Hintergrundgeräusch (UKO) prominent; Polizeifunk unverständlich metallisch rauschend im Hintergrund; Maschine automatisch rhythmisch piepsend hallend; Drucker ratternd; Pistolenmagazin metallisch knackend einrastend; Geräusche nehmen ab als Kamera auf B. zum Stehen kommt und er beginnt zu sprechen; Hall.	B.: Hi, I'm Barney. He told you, don't get near the glass.	Das rote Licht färbt den Beginn des Schwenks rot ein, danach vermehrt Braun-Grau (Sternwand, Gitterstäbe, Waffenraum). Einzelne rote Akzente. Die Glaswand des Waffenlagers reflektiert das rote Licht. B. sehr dunkel, starker Kontrast zu weißer Bekleidung.	Zu Beginn des Schwenks rotes Licht von oben, danach variiert die Beleuchtung stark, je nach Kameraposition. Kaltes Hauptlicht von oben erzeugt dunkle Schatten. Als die Kamera auf B. zum Stehen kommt befindet sich die Lichtquelle oben links und erzeugt starke Schatten auf B.s Gesicht und Kleidung. Fülllicht von hinten setzt B. von Hintergrund ab.
13	10:51 - 11:11	Reverse shot von B. auf C. S., danach Kameraschwenk nach rechts als die Figuren sich auf ein Gittertor zubewegen. B	Maschine automatisch rhythmisch piepsend hallend; Schlüsselbund metallisch klimm-	Einsatz der Themenmusik. Extradiegetische Orchestermusik. Bläser, Streichinstrumente und Harfe.	C. S.: Yes, he did. Clarice Starling. B.: Uh-huh. Nice to meet you, Clarice. You can hang your	Weiß (B.s Kleidung, C. S.s Oberteil), Grau-Braun (Steinwand im Hintergrund, C. S.s Bekleidung und Tasche).	Starkes Hauptlicht von rechts oben, erzeugt starke Schatten auf C. S.s linker Gesichtshälfte. Zusätzlich rotes Licht von links

Anhang 1: Sequenzprotokolle

THE SILENCE OF THE LAMBS – Szene 1: Das erste Treffen. 08:33-17:42
Dr. C. = Dr. Chilton; C. S. = Clarice Starling; H. L. = Hannibal Lecter; B. = Barney; M. = Miggs.

14		öffnet das Tor und C. S. geht hindurch, Kamerafährt vorwärts. B. schließt das Tor. C. S. wieder hinter Gittern, im Hintergrund vertikale Linien d. Steinmauer. C. S. in Nahaufnahme in der Mitte der linken Bildhälfte. B. Großaufnahme rechts außen, unscharf.	Schlüssel metallisch im Schlüsselloch klackend zweimal; Metallisch quietschendes und knallend zuschlagendes Metalltor prominent zweimal; Schnell piepsende Maschine; Schritte klappernd hohl hallend; Musik überdeckt das laute durchgängige atmosphärische hallende donnernde brummende Hintergrundgeräusch (U-KO); pernd;	coat up here, if you like. C. S.: Oh. Thank you, I will. B.: He's past the others, the last cell. You keep to the right. I put out a chair for you. C. S.: Oh yeah, that's very good, thank you.	Das rote Licht reflektiert auf C. S.s Haar und den Gitterstäben hinter ihr. Nach Bewegung Braun und Grau weiterhin dominant, weiße Akzente (Textilien) glänzen förmlich im Gegensatz zur Textur der Steine und C. S.s Blazer.	oben. Zusätzliches Licht außerhalb des Kontrollraums, hinter dem Tor. Lichtquelle links oben und leicht oranges, warmes Licht von rechts.
15	11:11 - 11:18	P.O.V. shot von C. S. auf B., durch d. Gittertor hindurch. B. mitte-links des Bildes, Kamera frontal.	Leichter Hall. Extradiegetische Musik läuft weiter, vor allem Streichinstrumente.	B.: I'll be watching. You'll do fine.	Viel Weiß, braune und ganz blasse mintfarbene Akzente. Metallgitter erscheint blass dunkelbraun und glänzt metallisch. Auch B s Haut glänzt, ansonsten matte, blasse Farben.	Schwaches Hauptlicht von vorne. Fülllicht von rechts, Hintergrund gut ausgeleuchtet.
	11:18 - 11:28	Einstellung beginnt mit frontaler, leicht rechtslastiger Nahaufnahme auf C. S. hinter einem weiteren Gittertor. Tor öffnet sich und Kamera fährt rückwärts vor ihr während sie in den Korridor mit den Gefangenenzellen tritt. Kamera in minimer Untersicht von vorne rechts. Einstellungsgröße wechselt zu Groß.	B. schnell ausatmend; Schlüsselbund metallisch klimpernd; Maschine automatisch rhythmisch piepsend hallend; Hand auf Metall klatschend; Automatische Türe mechanisch dröhnend rollend aufgehend und hart aufschlagend; Schritte klappernd auf Stein leise hallend.	Gleich wie 12, Bläser prominent. Insasse 1: Hi.	Dominante Farben sind Grau und Braun, in verschiedenen Schattierungen. C. S s Oberteil erscheint ebenfalls Grau und später Beige wie ihre Haut, während Haare, Tasche und Lippen in verschiedenen Braunabstufungen gehalten sind. Auch das Gelbe „No Smoking"-Schild im Hintergrund erscheint bräunlich, d.h. goldig. C. S.s Haare glänzen Rot-Braun.	Schwaches Hauptlicht von vorne rechts, warmes Fülllicht von hinten oben rechts. Ein weiteres Licht im Korridor oben links. Lichtsetzung wirft starke Schatten.
16	11:28 - 11:34	P.O.V. auf Insasse 1 in Zelle, prominente Gitter, Kamera fährt an ihm vorbei und schwenkt danach nach vorne. Am Ende des Korridors ist ein Stuhl sichtbar. Danach Kamera-	Automatische Türe mechanisch dröhnend rollend im Hintergrund; Schritte klappernd auf Stein leise hallend.	Wie 14.	Hauptfarben wie zuvor, einzig der Stahlblaue Anzug des Insassen hebt sich ab. Es handelt sich um einen Stoffanzug, relativ robust aussehend. Das Stahlblau ist blass, relativ	Führungslicht von vorne rechts, Fülllicht von hinten, zusätzliche Lichtquelle oben links. Der Korridor ist dunkel gehalten. Diegetische Lichtquellen in regelmäßigen Abständen an der

109

Tondesign und Farbgestaltung als affektive und subjektivierende Stilmittel

17	11:34 - 11:37	fährt vorwärts, Handkamera, ruckelnd. Großaufnahme in leichter Untersicht auf C. S. Kamerafahrt rückwärts.	Automatische Türe mechanisch dröhnend rollend und hart zuschlagend im Hintergrund; Schritte klappernd auf Stein leise hallend.		Wie 15.	Decke: Treppe am Ende des Korridors wird von oben links beleuchtet. Gitterstäbe der Zellen reflektieren Licht von oben. Hauptlicht von vorne oben, Fülllicht vorne rechts. Haarlicht von hinten rechts. Starker Schattenwurf am Kinn. Einzelne Lichtflecken und Schattenwürfe von diegetischer Deckenbeleuchtung.
18	11:37 - 11:41	Halbnaher P.O.V. von C. S. auf Insasse 2 in Zelle. Gitter wieder prominent im Bild. Danach Kameraschwenk nach vorne wie 16.	Schritte klappernd auf Stein leise hallend; Metallisch klickend am Gitter und raspelnd auf Boden von menschlicher Bewegung leise.		Hauptfarben wie zuvor, Anzug des Insassen wirkt durch Licht sehr hell. Materialien sind weiterhin Holz, Stein, Metall und Textil.	Kamera und Zelle von links oben beleuchtet, mit Fülllicht von hinten. Starker Schattenwurf auf den Gefangenen. Gitterstäbe nur teilweise beleuchtet. Korridor wie 16.
19	11:41 - 11:44	Wie 17.	Schritte klappernd auf Stein leise hallend; Metallisch klickend am Gitter und raspelnd auf Boden, menschlicher Ursprung, leise.		Wie 15, C. S.s Haut erscheint wieder heller, ihre Augen bläuer.	Wie 17, aber heller.
20	11:44 - 11:47	P.O.V. von Clarice auf M.s Zelle. Kamera fährt parallel von links nach rechts an der Zelle vorbei, während M. an den Gittern entlang läuft/klettert und C. S. anzischt.	Metallisch klickend am Gitter und raspelnd klatschend klopfend auf Boden, menschlicher Ursprung (Bewegung), prominent; Mensch keuchend grunzend;	M.: (flüsternd und keuchend): I can smell your cunt.	Farben wie 16. Metall und Stein reflektieren das Licht. Silber (Aufgesprayte Zellen-Nr.) imitiert dies.	Zelle von oben beleuchtet, Fülllicht von hinten.
21	11:47 - 11:52	Wie 17.	Schritte klappernd auf Stein, leise hallend; Hall Metallisch klickend am Gitter und raspelnd auf Boden, menschlicher Ursprung (Bewegung), leise.		Wie 19.	Wie 19.
22	11:52 - 12:02	P.O.V. von C. S. auf das Ende des Korridors. Schwenk nach links auf H. L.s Zelle. Es ist eine Glaszelle mit vertikalen Metalleinsätzen. Kamera kommt in Halbnäher fast parallel zu H. L. zum Stehen, dieser steht in der Mitte der Zelle und ist eingerahmt zwischen zwei Metalleinsätzen. Im Hinter-	Schritte klappernd auf Stein leise hallend.	H. L.: Good morning.	Wie 14. Musik verlangsamt.	Farben zuerst wie 19. H. L.s Zelle bildet starken Kontrast, alle Farben wirken bläulich. Die Steinwand wirkt blaugrau mit nur leichten braunen Akzenten. H. L.s Anzug ist intensiv Stahlblau. Die Metallstäbe im Vordergrund wirken blass bräunlich. Die Textur der Steinwand vari-	Korridor beleuchtet wie zuvor. H. L.s Zelle mit starkem, kaltem Oberlicht. Fülllicht von vorne rechts. Starken Schattenwurf des Kinns auf den Hals und unter H. L.s Augen. Die Zellenwände sind nicht voll ausgeleuchtet, jedoch reflektieren die Steine das Licht, die Textur wird durch ein Spiel von

Anhang 1: Sequenzprotokolle

THE SILENCE OF THE LAMBS – Szene 1: Das erste Treffen, 08:33-17:42
Dr. C. = Dr. Chilton; C. S. = Clarice Starling; H. L. = Hannibal Lecter; B. = Barney; M. = Miggs.

						iert deren Farbe.	Licht und Schatten unterstrichen.
23	12:02 - 12:06	grund dieselbe Steinmauer wie vorhin. Auf der Glasscheibe lassen sich verschmierte Abdrücke erkennen (durchgängig ganze Sequenz). Reverse shot von H. L. auf C. S., H. L. s Kopf unscharf, bedeckt die linke Bildhälfte, C. S. zentriert in Nahaufnahme in der rechten Bildhälfte.	Kleider leicht raschelnd, Atmosphärisch hallendes, donnerndes, brummendes durchgängiges Hintergrundgeräusch (UKO) setzt wieder ein, als die Musik nachlässt; Hall	Musik kommt langsam zu einem Ende während C. S. spricht.	C. S.: Dr. Lecter, my name is Clarice Starling. May I speak with you?	H. L. im Vordergrund unscharf in Stahlblau, auch seine grauen Haare erscheinen bläulich. C. S. und ihre Umgebung hingegen braun-grau.	Schwaches Licht mit warmer Qualität von oben rechts, C. S. im Mittelgrund, nicht gänzlich ausgeleuchtet. Straker Schattenwurf. Im Vordergrund Licht von oben eher links auf unscharfen H. L. Steine im Hintergrund reflektieren wieder das Licht.
24	12:06 - 12:09	Reverse shot von C. S. auf H. L., jetzt C. S.s Kopf unscharf in rechter Bildhälfte, H. L. links in Nahaufnahme.	Atmosphärisch hallendes, donnerndes, brummendes durchgängiges Hintergrundgeräusch (UKO), leise; Hall		H. L.: You're one of Jack Crawford's, aren't you?	C. S.s Haare im Vordergrund unscharf rotbraun, glänzend H. L. und seine Umgebung wie in 22. Sein Anzug erscheint weicher als der der anderen Insassen und schimmert leicht.	Wie 22, zusätzliche Lichteffekte auf C. S.s Haar.
25	12:09 - 12:10	Wie 23.	Atmosphärisch hallendes, donnerndes, brummendes durchgängiges Hintergrundgeräusch (UKO), leise; Hall		C. S.: I am, yes.	Wie 23.	Wie 23.
26	12:10 - 12:13	Wie 24.	Atmosphärisch hallendes, donnerndes, brummendes durchgängiges Hintergrundgeräusch (UKO), leise; UKO metallisch klimpernd im Hintergrund; Hall		H. L.: May I see your credentials?	Wie 25.	Wie 24.
27	12:13 - 12:24	Wie 23.	Atmosphärisch hallendes, donnerndes, brummendes durchgängiges Hintergrundgeräusch (UKO), leise; UKO metallisch klimpend und schlagend im Hintergrund, leise; Kleider und Portemonnaie raschelnd; Metalltüre leise quietschend im Hintergrund;		C. S.: Certainly. H. L.: Closer, please.	Wie 23.	Wie 23.

Tondesign und Farbgestaltung als affektive und subjektivierende Stilmittel

28	12:24 - 12:27	Frontale Großaufnahme auf H. L., zentriert. Hintergrund unscharf.	Hall.			
29	12:27 - 12:32	Frontale Großaufnahme auf C. S., zentriert. Hintergrund unscharf.	Atmosphärisch hallendes, donnerndes, brummendes durchgängiges Hintergrundgeräusch (UKO), leise; UKO metallisch schlagend und tickend im Hintergrund leise; Schritte klappernd auf Stein leise hallend; Mensch hustend keuchend im Off; Hall	H. L.: Clo-ser.	Wie 25.	Wie 23, es kommt zu starkem Schattenwurf durch die Bewegung, danach Licht von oben links, Schatten auf rechter Gesichtshälfte.
30	12:32 - 12:38	Wie 28. H. L. bewegt sich auf die Kamera zu, es kommt zur Detailaufnahme des Gesichts, zentriert.	Atmosphärisch hallendes, donnerndes, brummendes durchgängiges Hintergrundgeräusch (UKO), leise; Schritte hohl schlagend auf Stein; UKO metallisch schlagend und tickend im Hintergrund leise.		Wie 23. C. S.s Augen erscheinen hier erstmals als stahlblau (nicht grau), wie H. L.s Anzug. Mehr Weiß als zuvor (Oberteil, Ausweis).	Wie 24.
31	12:38 - 12:40	Detailaufnahme von C. S.s Gesicht, zentriert.	Atmosphärisch hallendes, donnerndes, brummendes durchgängiges Hintergrundgeräusch (UKO), leise; Wasser tropfend leicht hallend entfernt.		Wie 25. Als H. L. nahe bei der Kamera ist, dominiert vor allem die Farbe seiner Haut und das Stahlblau seines Anzugs und seiner Augen. Der Hintergrund erscheint ebenfalls stahlblau. Das Bild besteht also sozusagen aus nur zwei Farben.	Zu Beginn wie 22, durch die Bewegung zuerst mehr Schatten, dann starkes Licht von rechts oben, erzeugt starke Schatten auf der linken Gesichtshälfte.
32	12:40 - 12:46	Wie 30.	Wie 26.	H. L.: That expires in one week. You're not really FBI, are you?	Ähnlich wie in der vorhergehenden Einstellung sind die dominanten Farben diejenige von C. S.s Haut und ihre stahlblauen Augen. Der Hintergrund und ihre Haare erscheinen braun. Es wird hier ersichtlich, dass C. S. und H. L. dieselbe Augenfarbe haben. C. S.s Haare glänzen, wie auch ihre Augen. Wie 30.	Wie 29. Wie 30.

112

Anhang 1: Sequenzprotokolle

THE SILENCE OF THE LAMBS – Szene 1: Das erste Treffen, 08:33-17:42
Dr. C. = Dr. Chilton; C. S. = Clarice Starling; H. L. = Hannibal Lecter; B. = Barney; M. = Miggs.

33	12:46 - 12:49	Reverse shot wie 23, aber Großaufnahme, die Figuren nehmen je etwa die Hälfte des Bildes ein.	Atmosphärisch hallendes, donnerndes, brummendes durchgängiges Hintergrundgeräusch (UKO), leise; Ausweis raschelnd; Hall.	C. S.: I'm still in training at the academy.	Wie 23, C. S.s Augen stehen jedoch klarer im Bezug zu H. L.s Anzug.	Wie 29.
34	12:49 - 12:53	Reverse shot wie 24, aber Großaufnahme, die Figuren nehmen je etwa die Hälfte des Bildes ein.	Atmosphärisch hallendes, donnerndes, brummendes durchgängiges Hintergrundgeräusch (UKO), sehr leise; Ausweis leise raschelnd; Hall.	H. L.: Jack Crawford sent a trainee to me?	Wie 24.	Wie 30, Lichteffekte auf C. S.s Haar
35	12:53 - 13:00	Wie 33.	Atmosphärisch hallendes, donnerndes, brummendes durchgängiges Hintergrundgeräusch (UKO), fast unhörbar; Kleider raschelnd; Hall.	C. S.: Yes, I'm a student. I'm here to learn from you. Maybe you can decide for yourself whether or not I'm qualified enough to do that.	Wie 33.	Wie 29.
36	13:00 - 13:07	Wie 34.	Atmosphärisch hallendes, donnerndes, brummendes durchgängiges Hintergrundgeräusch (UKO), fast unhörbar; Mensch hustend keuchend; Hall.	H. L.: Hhm. That is rather slippery of you Agent Starling.	Wie 24.	Wie 34.
37	13:07 - 13:09	Wie 33.	Atmosphärisch hallendes, donnerndes, brummendes durchgängiges Hintergrundgeräusch (UKO), fast unhörbar; Hall.		Wie 33.	Wie 29.
38	13:09 - 13:12	Wie 34.	Atmosphärisch hallendes, donnerndes, brummendes durchgängiges Hintergrundgeräusch (UKO), fast unhörbar; Mensch Zunge schnalzend sehr leise; Hall.	H. L.: Sit, please.	Wie 24.	Wie 34.

Tondesign und Farbgestaltung als affektive und subjektivierende Stilmittel

#	Zeit	Bild	Ton	Dialog	Farbe	
39	13:12 - 13:18	Beginnt wie 33, dann kurzer Kameraschwenk diagonal nach oben rechts. Kamera kommt zum Stehen und Blick in Obersicht über H. L.s Rücken auf C. S. hinab während sie sich setzt.	Atmosphärisch hallendes, donnerndes, brummendes durchgängiges Hintergrundgeräusch (UKO), fast unhörbar. Schritte schlagend hohl auf Stein; Metallstuhl schlagend kratzend auf Stein; UKO spritzend verstäubend (wie Raumbestäuber); Kleider und Tasche leise raschelnd; Hall.		Beginnt wie 33, durch die Verschiebung der Perspektive jedoch weniger Blau und mehr Braun-Grau im Bild.	Wie 29.
40	13:18 - 13:29	Wie 28.	Atmosphärisch hallendes, donnerndes, brummendes durchgängiges Hintergrundgeräusch (UKO), leise; UKO metallisch schlagend und tickend im Hintergrund, leise; Hall.	H. L.: Now then, tell me. What did Miggs say to you? Multiple Miggs in the next cell, he hissed at you. What did he say?	Wie 30.	Wie 30.
41	13:29 - 13:32	Großaufnahme C. S. in leichter Obersicht, C. S. in rechter Bildhälfte, blickt hoch auf den stehenden H. L., nicht im Bild. Hintergrund unscharf.	Atmosphärisch hallendes, donnerndes, brummendes durchgängiges Hintergrundgeräusch (UKO), leise; UKO metallisch schlagend und tickend im Hintergrund, leise; Hall.	C. S.: He said, I can smell your cunt.	Vorwiegend Braun und Grau. Einzelne helle/weiße Akzente (Oberteil, Zähne, Augenweiß, Lichteffekte auf der Steinmauer im Hintergrund). C. S.s Haare glänzen rötlich und weiß.	Wie 29.
42	13:32 - 13:51	Beginnt wie 28, dann vertikaler Kameraschwenk nach oben, begleitet H. L.s Bewegung, danach wieder vertikal nach unten und dann begleitend kurz nach oben und nach unten.	Atmosphärisch hallendes, donnerndes, brummendes durchgängiges Hintergrundgeräusch (UKO), leise; UKO metallisch schlagend und tickend im Hintergrund, leise; Kleider raschelnd; Mensch einatmend und ausatmend; Wasser tropfend leicht hallend.	H. L.: I see. I myself cannot. You use Evian skin cream.	Wie 30.	Wie 30.

Anhang 1: Sequenzprotokolle

THE SILENCE OF THE LAMBS – Szene 1: Das erste Treffen. 08:33-17:42
Dr. C. = Dr. Chilton; C. S. = Clarice Starling; H. L. = Hannibal Lecter; B. = Barney; M. = Miggs.

43	13:51 - 13:54	Wie 41.	Atmosphärisch hallendes, donnerndes, brummendes durchgängiges Hintergrundgeräusch (UKO), leise; Kleider raschelnd; Hall.		H. L.: And sometimes you wear L'Air du Temps.	Wie 41.	Wie 29.
44	13:54 - 13:57	Wie 28.	Atmosphärisch hallendes, donnerndes, brummendes durchgängiges Hintergrundgeräusch (UKO), leise; Kleider raschelnd; Mensch leicht keuchend ausatmend; Hall.		H. L.: But not today.	Wie 30.	Wie 30.
45	13:57 - 14:00	Wie 41.	Atmosphärisch hallendes, donnerndes, brummendes durchgängiges Hintergrundgeräusch (UKO), leise; Kleider raschelnd; Schritt klopfend auf hartem Boden; Wasser tropfend leicht hallend entfernt, leise; Hall.		C. S.: Did you do all these drawings, Doctor?	Wie 41.	Wie 29.
46	14:00 - 14:03	Halbnahe Einstellung vom Korridor auf C. S. sitzend und H. L. stehend in der Zelle, Blickwinkel diagonal. Die Metalleinsätze in der Glaszelle rahmen H. L. in der linken Bildhälfte ein und trennen ihn von C. S. in der rechten Bildhälfte.	Atmosphärisch hallendes, donnerndes, brummendes durchgängiges Hintergrundgeräusch (UKO), leise; Kleider raschelnd; Wasser tropfend, leicht hallend, entfernt, sehr leise; Hall.		H. L.: Ah!	Einstellung erscheint in zwei farbliche Einheiten getrennt. H. L.s Zelle und Kleidung sind sehr stark Stahlblau-lastig, mit einzelnen bräunlichen oder Hautfarbigen Akzenten. Die Papiere auf seinem Tisch und sein T-Shirt sind weiß. C. S. und ihre Umgebung erscheinen dagegen sehr Braunlastig. Die eine Steinwand hat dieselbe Farbe wie ihre Haare,	Zwei diegetische Lichtquellen, eine in H. L.s Zelle hinten oben, eine am Ende des Korridors, die Treppe beleuchtend. Führungslicht von rechts oben, beleuchtet C. S. von hinten während ihr Gesicht im Schatten ist. H. L. wird frontal beleuchtet. Hartes Licht, wirft starke Schatten. Kein Fülllicht auf C. S., sie verschwimmt etwas im Hintergrund.

Tondesign und Farbgestaltung als affektive und subjektivierende Stilmittel

47	14:03 - 14:10	Detailaufnahme einer Zeichnung, danach Schwenk zurück auf H. L. wie 28.		Atmosphärisch rauschendes Hintergrundgeräusch (UKO), sehr leise; Türe metallisch zuschlagend, knallend, leise, weit entfernt; Starker Hall	H. L.: That is the Duomo, seen from the Belvedere. Do you know Florence?	die andere wie ihr Blazer. Beides erscheint leicht grünlich. Die Steinwände reflektieren an verschiedenen Stellen das Licht, wodurch ihre Textur unterstrichen wird. H. L.s Anzug weist Stoffalten auf, was seine Materialität unterstreicht. Beginn der Einstellung (Zeichnung und Wand) in Graustufen gehalten, diese erscheinen zum Teil bläulich. Starkes Spiel mit Licht und Schatten, sowohl in der Zeichnung als auch auf den Steinen. Danach wieder wie 30.	Zeichnung indirekt von oben beleuchtet, simuliert im Stil den Schatten und die Materialität der Zellenwand (Steinmauer). Nach Schwenk wieder wie 30.
48	14:10 - 14:13	Wie 41.		Atmosphärisch rauschendes, tosendes Hintergrundgeräusch (UKO), sehr leise; Hall.	C. S.: All that detail just from memory, sir?	Wie 41.	Wie 29.
49	14:13 - 14:17	Wie 28.		Atmosphärisch rauschendes, tosendes Hintergrundgeräusch (UKO), sehr leise; Hall.	H. L.: Memory. Agent Starling, is what I have instead of a view.	Wie 30.	Wie 30.
50	14:17 - 14:24	Wie 41.		Atmosphärisch rauschendes, tosendes Hintergrundgeräusch (UKO), sehr leise; Schritt klopfend auf hartem Boden; Papier raschelnd; Ledertasche dumpf klackend; Mensch Zunge leicht schnalzend; Metallisch klimpernd (Tasche?); Hall.	C. S.: Well... H. L. (peinlich berührt, lachend): ...perhaps you'd care to lend us your view on this questionnaire, sir. H. L.: Oh no no.	Wie 41.	Wie 29.
51	14:24 - 14:34	Wie 28.		Atmosphärisch rauschendes, tosendes Hintergrundgeräusch (UKO), sehr leise; Hall.	H. L.: no no. You were doing fine. You'd been curious and receptive to courtesy. You had established trust with the embarrassing truth about Miggs.	Wie 30	Wie 30.

Anhang 1: Sequenzprotokolle

THE SILENCE OF THE LAMBS – Szene 1: Das erste Treffen, 08:33-17:42
Dr. C. = Dr. Chilton; C. S. = Clarice Starling; H. L. = Hannibal Lecter; B. = Barney; M. = Miggs.

52	14:34 - 14:39	Wie 41.	Atmosphärisch rauschendes, tosendes Hintergrundgeräusch (UKO), sehr leise; Hall	H. L.: ...and now this hamhanded segue into your questionnaire. Tz tz...	Wie 41.	Wie 29.
53	14:39 - 14:41	Wie 28.	Atmosphärisch rauschendes, tosendes Hintergrundgeräusch (UKO), sehr leise; Mensch Zunge schnell schnalzend; Hall	H. L.: ... tz tz It won't do.	Wie 30.	Wie 30.
54	14:41 - 14:45	Wie 41.	Atmosphärisch rauschendes, tosendes Hintergrundgeräusch (UKO), sehr leise; Kleider raschelnd; Hall	C. S.: I'm only asking you to look at this, Doctor, either you will or you won't.	Wie 41.	Wie 29.
55	14:45 - 14:52	Großaufnahme von H. L. in linker Bildhälfte. Hintergrund unscharf, Metalleinsatz in rechter Bildhälfte.	Atmosphärisch rauschendes, tosendes Hintergrundgeräusch (UKO), leise; Hall	H. L.: Yeah. Jack Crawford must be very busy indeed if he's recruiting help from the student body.	Wie 30. Metallbalken im Vordergrund rechts erscheint silbrig und glänzt metallisch, wobei sich leicht goldene Reflexe formen.	Wie 30, starke harte Schatten auf H. L.s Gesicht.
56	14:52 - 14:57	Wie 41.	Atmosphärisch rauschendes, tosendes Hintergrundgeräusch (UKO), leise; UKO spritzend verstäubend (wie Raumbestäuber); Hall	H. L.: Busy hunting that no one, Buffalo Bill. What a naughty boy he is.	Wie 41.	Wie 29.
57	14:57 - 15:04	Wie 55.	Atmosphärisch rauschendes, tosendes Hintergrundgeräusch (UKO), leise; Mensch hustend, entfernt; Hall	H. L.: Do you know why he's called Buffalo Bill? Please tell me, the newspapers won't say.	Wie 55.	Wie 55.
58	15:04 - 15:11	Großaufnahme frontal auf C. S. zentriert. Steinmauer im Hintergrund sehr unscharf.	Atmosphärisch rauschendes, tosendes Hintergrundgeräusch (UKO), leise; Mensch hustend, entfernt; Kleider leicht raschelnd; Hall	C. S.: Well it started as a bad joke in Kansas City Homicide. They said, ‚This one likes to skin his humps'.	Hauptfarben Braun und Grau, C. S.s stahlblaue Augen als Kontrast. D. Hintergrund schimmert verschwommen und C. S.s Haare glänzen, ihre Haut überzieht ein leichter Schimmer.	Führungslicht von oben links, wirft weiche und harte Schatten auf C. S.s Gesicht. Haarlicht erzeugt einen warmen Schimmer in ihrem Haar. Steinmauer im Hintergrund reflektiert das Licht.

Tondesign und Farbgestaltung als affektive und subjektivierende Stilmittel

59	15:11 - 15:20	Wie 55.	Atmosphärisch rauschendes, tosendes Hintergrundgeräusch (UKO), sehr leise; UKO metallisch klackend, entfernt, leise; Hall.	H. L.: Why do you think he removes their skins. Agent Starling? Thrill me with your acumen.	Wie 55.	Wie 55.
60	15:20 - 15:26	Wie 58.	Atmosphärisch rauschendes, tosendes Hintergrundgeräusch (UKO), sehr leise; UKO metallisch klackend, entfernt, leise; Kleider leicht raschelnd; Hall.	C. S.: It excites him.. Most serial killers keep some sort of trophies from their victims.	Wie 58.	Wie 58.
61	15:26 - 15:28	Wie 28.	Atmosphärisch rauschendes, tosendes Hintergrundgeräusch (UKO), leise; UKO metallisch klackend, entfernt, leise; Hall.	H. L.: I didn't. C. S.: No.	Wie 30.	Wie 30.
62	15:28 - 15:30	Wie 58.	Atmosphärisch rauschendes, tosendes Hintergrundgeräusch (UKO) wird stärker; UKO metallisch klackend, entfernt, leise; Hall.	C. S.: No, you ate yours.	Wie 58.	Wie 58.
63	15:30 - 15:35	Wie 28.	Atmosphärisch rauschendes, tosendes Hintergrundgeräusch (UKO), leise; UKO metallisch klackend, entfernt, leise; Türe metallisch zuschlagend knallend, leise, weit entfernt; Mensch keuchend, hustend, entfernt; Hall.	H. L.: You send that through now.	Wie 30.	Wie 30.

Anhang 1: Sequenzprotokolle

THE SILENCE OF THE LAMBS – Szene 1: Das erste Treffen. 08:33-17:42
Dr. C. = Dr. Chilton; C. S. = Clarice Starling; H. L. = Hannibal Lecter; B. = Barney; M. = Miggs.

64	15:35 - 15:52	Reverse shot von H. L. auf C. S. in Nahaufnahme, Kamera in leichter Obersicht. Danach Kameraschwenk nach links, begleitet C. S.s Bewegungen, dann zurück auf Ausgangsposition, H. L. nur unscharf ganz links im Bild.	Papier raschelnd; Metallstuhl kratzend, klackend auf Stein. Schritte klappernd auf Stein leise hallend. Metallische Essensluke kratzend, knarzend, knallend, quietschend; UKO spritzend, verstäubend (wie Raumbestäuber); Mensch keuchend, hustend, entfernt, lauter; Hall.	Die Streichinstrumente setzen wieder ein. Gleiches Thema wie zuvor, jedoch weniger voll.	Beginnt wie 23. Danach sehr dunkel, fast nur Grau, mit starkem Kontrast zum Stahlblau von H. L.s Anzug. Endet bei gleicher Farbgebung wie 41.	Am Anfang der Einstellung wie 58, die Bewegung nach links erzeugt starke Schatten auf C. S.s Gesicht. Endposition wie zuvor. H. L. im Vordergrund wird von oben beleuchtet.
65	15:52 - 15:55	Reverse shot von C. S. auf H. L. in Nahaufnahme in leichter Untersicht. Metalleinsatz trennt linke Bildhälfte (H. L.) von rechter Bildhälfte (C. S.).	Wie 63.		C. S. im Vordergrund sehr unscharf in Brauntönen. Hintergrund stark Stahlblau. Metallbalken silbrig, metallisch schimmernd. Steinwand reflektiert Licht, wodurch die Textur der Steine unterstrichen wird.	Führungslicht von rechts oben, beleuchtet H. L. frontal. Steinmauer in der Zelle reflektiert das Licht und erzeugt viele Schatten.
66	15:55 - 15:57	Großaufnahme von C. S. in der rechten Bildhälfte. Hintergrund unscharf und ganz links unscharf und dunkel der Metalleinsatz.	Papier raschelnd; Mensch ausatmend seufzend; Hall.	Wie 63.	Wie 41.	Wie 58.
67	15:57 - 16:00	Detailaufnahme von H. L.s Hände die den Fragebogen durchblättern. Hintergrund sehr unscharf.	Papier raschelnd und knackend.	Wie 63.	Einstellung in Weiß-Blau. Hintergrund blass gräulichstahlblau. H. L.s Hand bildet den einzigen Kontrast (Hautfarbe). Der Hintergrund ist stark verschwommen, die Farben erscheinen sehr weich und körperlos.	Licht von oben, weißes Blatt reflektiert.
68	16:00 - 16:05	Großaufnahme von H. L. in der rechten Bildhälfte, lehnt an Metalleinsatz, linke Bildhälfte leer bis auf unscharfen Hintergrund.	Hall.	Wie 63.	Wie 55.	H. L.: Oh Agent Starling, you think you can dissect me with this blunt little tool?	Wie 65, Metalleinsatz erzeugt Schatten auf H. L.s Gesicht, wie auch die abgedrehte Position.

Tondesign und Farbgestaltung als affektive und subjektivierende Stilmittel

69	16:05 - 16:11	Wie 66.	Kleider leicht raschelnd.		Wie 41.	Wie 58.
				C. S.: No! I've. I thought that your knowledge. H. L.: You're so ambitious, aren't you?		
70	16:11 - 16:16	Wie 68.	Schritt klapsend auf Stein; Leichter Hall.	Wie 63.	Wie 55.	Wie 68
				H. L.: You know what you look like to me with your good bag and your cheap shoes? You look like a rube.		
71	16:16 - 16:21	Großaufnahme C. S. zentriert, Kamera frontal-links.	Leichter Hall.	Wie 63, Intensivierung.	Wie 41.	Wie 58.
				H. L.: A well-scrubbed, hustling rube with a little taste.		
72	16:21 - 16:38	Wie 68, langsame Kamerafahrt auf H. L. bis zur Detailaufnahme von seinem Gesicht. Metalleinsatz glänzt ganz rechts.	Wie 72.	Wie 70.	Beginnt wie 55. Durch die Kamerafahrt verändern sich die Proportionen der Farben und H. L.s Haarfarbe nimmt mehr Platz ein, während das Stahlblau auf den Hintergrund und H. L.s Augen reduziert wird. Auch dem silbrigen Metallbalken wird mit goldigem Schimmer wird mehr Gewicht eingeräumt.	Wie 68, Kamerabewegung ändert Perspektive und fängt mehr Schatten ein als zuvor.
				H. L.: Good nutrition's given you some length of bone, but you're not more than one generation from poor white trash, are you Agent Starling? And that accent you've tried so desperately to shed, pure West Virginia. What was your father dear, is he a coal miner? Does he stink of the lamp?		
73	16:38 - 16:48	Wie 71, langsame Kamerafahrt auf C. S.s Gesicht, bis C. S. in linker Bildhälfte ist. Hinten rechts Radiator, unscharf.	Wie 72.	Wie 71, leichte Intensivierung.	Wie 41. Durch die Kamerabewegung wird die Farbe Grau starker gewichtet und nur C. S.s Haare erscheinen als wirklich braun. Außerdem wird ihrem Gesicht und ihrer Hautfarbe mehr Platz eingeräumt.	Wie 58.
				H. L.: And oh, how quickly the boys found you, all those tedious, sticky fumblings in the backseats of cars, while you could only dream of getting out, getting anywhere.		
74	16:48 - 16:52	Wie Schlussposition 72.	Wie 72.	Wie 72.	Wie 72.	Wie 72.
				H. L.: Getting all the way to the F.B.I...		
75	16:52 - 17:11	Wie Schlussposition 73.	Kleider leicht raschelnd. Atmosphärisch rauschendes, tosendes Hintergrundgeräusch (UKO), leise, kehrt langsam zurück; Hall.	Wie 72, Instrumente kommen langsam zum Stillstand.	Wie 73.	Wie 58, starke Schatten.
				C. S.: You see a lot, Doctor. But are you strong enough to point that high-powered perception at yourself? What about it, why don't you, why don't you look at yourself and write down what you see? Maybe you're afraid to.		
76	17:11 - 17:15	Nahaufnahme von H. L., langsamer Kameraschwenk nach rechts.	Atmosphärisch rauschendes, tosendes Hintergrundgeräusch (UKO), leise; Kleider raschelnd; UKO spritzend, verstaubend (wie Raumbestäuber).		Wie 55. Metallbalken glänzt im Vordergrund und Glasscheibe spiegelt leicht (weiße Reflexe).	Wie 72. Bewegung erzeugt mehr Schatten.

Anhang 1: Sequenzprotokolle

THE SILENCE OF THE LAMBS – Szene 1: Das erste Treffen. 08:33-17:42
Dr. C. = Dr. Chilton; C. S. = Clarice Starling; H. L. = Hannibal Lecter; B. = Barney; M. = Miggs.

77	17:15 - 17:18	Wie 71.	Schritte leicht klopfend; Papierbündel klatschend, plumpsend auf Metall; Metallische Essenstuke kratzend, knarzend, knallend, quietschend; Hall		
			Atmosphärisch rauschendes, tosendes Hintergrundgeräusch (UKO), leise; Metallische Essenstuke hallend, knallend; Schritte leicht klopfend, schabend; Hall		Wie 58 . H. L s Bewegung erzeugt Schatten auf C. S
78	17:18 - 17:31	Großaufnahme H. L. in rechter Bildhälfte, ganz rechts glänzender Metalleinsatz	Atmosphärisch rauschendes, tosendes Hintergrundgeräusch (UKO), leise; Mensch unnatürlich animalisch schlurfend.	H. L.: A census-taker once tried to test me. I ate his liver with some fava beans and a nice Chianti. (macht schlürfende Geräusche)	Wie 73.
					Wie 55. Metallbalken schimmert stark silbrig.
79	17:31 - 17:35	Wie 71	Atmosphärisch rauschendes, tosendes Hintergrundgeräusch (UKO), leise; Mensch keuchend ausatmend	H. L.: (starkes Ausatmen)	Wie 41.
					Wie 58.
80	17:35 - 17:42	Nahaufnahme von H. L. leichte Kamerabewegungen während dieser sich von der Glasscheibe entfernt und C. S. den Rücken zuwendet. Metalleinsatz glänzt unscharf im Vordergrund, verdeckt H. L. teilweise.	Schritte knirschend, schabend, klopfend; Kleider leicht raschelnd.	Rückkehr der Musik, wie 63. H. L.: You fly back to school now, little Starling. (flüsternd) Fly, fly, fly.	Beginnt wie 55. Zum Schluss dominiert wieder das Stahlblau mit einigen grauen Akzenten. Die Steinmauer erscheint blassgrau-stahlblau. Einzelne Akzente in Weiß und dunklem Sand. Der Metallbalken erscheint fast bronzefarben.
					Beginnt wie 68, das Zellenimmere wird von oben beleuchtet, Schatten auf H. L.s Kleidung und der Steinmauer.

Tondesign und Farbgestaltung als affektive und subjektivierende Stilmittel

#	Zeit	Bild	Geräusche	Musik	Sprache	Farbe	Licht und Schatten
0	01:11:10 - 01:11:30	Kameraschwenk durch die Zelle von links nach rechts, von Kassettenrecorder in Großaufnahme über H. L.s Zeichnungen (beides auf dem Tisch) zu H. L., der hinter einem transparenten Raumtrenner aus Stoff und Holz sitzt, in Nahaufnahme. Die vertikalen Falten des Stoffes sind sehr prominent.	Schritte klatschend leise; Kleidung und Waffengurte raschelnd und reibend leise; Schlüsselbund metallisch klimpernd leise.	Diegetische Musik: Bach Goldberg Variationen (aus Kassettenrekorder).		Es dominieren verschiedene Braun- und Beigeschattierungen. Weiße Akzente (H. L.s Zeichnung von C. S., H. L.s Anzug) und grauer Kassettenrekorder. Es lässt sich eine Vielzahl an Materialien bemerken: versch. Arten von Holz, Textil (Teppich) und Papier. Im Hintergrund silbrig-metallisch schimmernde Gitterstäbe.	Zelle von oben ausgelichtet, Objekte werfen starke dunkle Schatten. Die Raumtrenners erzeugt starke. Die Textur des Gitterstab-ähnliche Schatten.
1	01:11:30 - 01:11:37	Kamerafahrt parallel zu S. P. und S. B., beginnt mit Großaufnahme auf Tablar, danach Schwenk auf ihre Gesichter in Großaufnahme. Die gestreifte Wand im Hintergrund nimmt die vertikalen Streifen von E. 0. auf.	Schritte hohl klopfend; Porzellanteller und Metallbesteck klappernd auf Metalltablar; Schlüsselbund metallisch klimpernd. Leichter Hall.	Wie 1.	S. P.: Ready when you are, Doc.	Die Lichtverhältnisse sorgen dafür, dass die Farben zum Großteil sehr dunkel erscheinen. Allgemein viel Dunkelbraun und schwarz. Der rotgelb gestreifte Hintergrund, das Essen auf dem Tablar und die Wimpel auf den Uniformen der Sergeants bilden farbliche Akzente. Einige wenige goldene Akzente. Der polierte Holzboden reflektiert das Licht und glänzt, was die Textur des Holzes unterstreicht.	Dunkle Lichtverhältnisse, nur H. L.s Zelle in der Mitte des Raums ist beleuchtet, während der Rest sehr dunkel gehalten ist. Das Metalltablar und der Boden reflektieren stark das Licht, wie auch weitere Objekte aus Metall. Das Licht trifft S. P. und S. B. frontal, wodurch starke Schatten auf ihren Hinterkopf geworfen werden.
2	01:11:37 - 01:11:47	Beginn wie Ende E. 0. mit Großaufnahme auf H. L. hinter dem Raumtrenner, danach Kamerafahrt rechts vorbei an und hinter den Raumtrenner auf H. L. in Großaufnahme aus leichter Obersicht.	Schritte hohl klopfend; Schuhe auf Boden knarzend; Schlüsselbund metallisch klimpernd; Holzabsperrung auf Boden schiebend schabend; Leichter Hall.	Wie 1.	H. L.: Just another minute, please.	Wie 0. Beige, Braun und Weiß dominieren.	Starkes helles Hauptlicht von oben (Lichtquelle) zentriert in der Mitte der Zelle), Gesichtszüge werfen starke Schatten. H. L.s Stirn glänzt leicht. Metallstäbe im Hintergrund reflektieren d. Licht. Außerhalb der Zelle wenig Licht, viel Schatten.
3	01:11:47 - 01:11:54	Kamera von hinter den Gittern auf S. P. und S. B. in Nahaufnahme, vertikale Kameraschwenks begleiten S. P.s Bewegungen. Ende der Einstellung auf S. P. und S. B., drei Gitterstäbe trennen das Bild in vier Abschnitte, zentraler Git-	Holzabsperrung auf Boden dumpf klopfend und schabend; Schlüsselbund metallisch klimpernd; Schritte auf Holz schabend und	Wie 1.	S. P.: Son of a bitch demanded a second dinner. Lamb chops, extra rare. S. B.: What d'he wants for breakfast?	Wieder viele dunkle Farben, viel Holz. Zusätzlich Gitterstäbe, Tablar und Polizeimarken aus silbernem Metall und goldene Abzeichen.	Hauptlicht aus dem Inneren der Zelle erhellt S. P. und S. B. frontal. Schatten lassen auf ein Füllicht von links seitlich schließen. An der Wand im Hintergrund werden Schatten durch einzelne Bilder durch warmes Licht von oben beleuchtet. Objekte aus

Anhang 1: Sequenzprotokolle

THE SILENCE OF THE LAMBS – Szene 2: Hannibals Flucht. 01:11:10-01:15:10
H. L. = Hannibal Lecter; S. P. = Sergeant Pembry ; S. B. = Sergeant Boyle.

#	Timecode	Einstellung	Geräusche	Dialog	Farbe	Licht
		terstab genau in der Mitte des Bildes, dann leichter Kameraschwenk, der S. B.s Bewegung begleitet.	klopfend hohl; Metallzahlbar auf Holz aufschlagend leise; Kleider raschelnd; Schlagstock auf Textil raschelnd hölzern hohl klopfend; Leichter Hall.			Metall und Glas reflektieren das Licht.
4	01:11:54 - 01:11:57	Detailaufnahme auf S. P. und S. B.s Hände, Übergabe des Schlagstocks.	Schlagstock hölzern klappernd; Kleider raschelnd; Schlüsselbund metallisch klimpernd.	Wie 1.	Schwarz ist dominante Farbe, Hautfarbige, silberne (metallische) und goldene Akzente.	Wie zuvor werden die Sergeants frontal beleuchtet, Einstellung trotzdem eher dunkel, Kleiderfalten werfen Schatten. Der hölzerne, polierte Schlagstock glänzt stark im Licht.
5	01:11:57 - 01:12:05	Großaufnahme auf H. L., frontal zentriert. Gitterstäbe im Hintergrund rahmen ihn ein.	Schuhe gummiartig quietschend auf Boden; Schlüsselbund metallisch klimpernd.	Wie 1.	Hintergrund farbig: Gelb-rote Streifen, grünliche Wand. H. L. im Vordergrund in weißem T-Shirt, goldglänzender Kugelschreiberclip und silbernmetallisch-glänzende Gitterstäbe als Akzent. Der goldene Kugelschreiberclip wirkt wie ein Farbakzent.	Wie 2.
6	01:12:05 - 01:12:09	Beginnt wie 4., Übergabe des Pfeffersprays, danach Kameraschwenk auf die Gesichter von S. P. und S. B. in Großaufnahme.	Kleider raschelnd leise; Schlagstock hölzern klappernd; Schlüsselbund metallisch klimpernd; Raumtrenner mit Holzrahmen kratzend raspelnd aufgehend.	S. B.: Some damn thing from the zoo? S. P.: (gluckst)	Wie 4.	Wie 4. Die Spraydose reflektiert das Licht, wie auch S. P. und S. B.s Haut.
7	01:12:09 - 01:12:09	P.O.V. von S. P. und S. B. auf H. L.s Zelle, H. L. kommt auf Kamera zu, Kamera fährt ihm entgegen. Die Gitterstäbe vor und hinter ihm rahmen ihn ein.	Schritte hohl klopfend auf Holz leise; Kleider raschelnd leise;	H. L.: Good evening, gentlemen.	Sehr unfarbige Einstellung, Raumtrenner beige-braun, ansonsten viel dunkelgrau (Metallstäbe) und etwas Weiß (T-Shirt). Metallstäbe glänzen metallisch, T-Shirt reflektiert	Wie 0., starke Schatten auf H. L.s Gesicht. Im Hintergrund vereinzelt beleuchtete Bilder zu sehen. Die Gitterstäbe reflektieren stark.

Tondesign und Farbgestaltung als affektive und subjektivierende Stilmittel

	Zeit	Bild	Ton		Licht	
8	01:12:19	Perspektivwechsel, Kamera hinter H. L. auf die Sergeants. H. L. ganz rechts unscharf. S. P. und S. B. in Nahaufnahme hinter Gittern. Danach leichter Schwenk nach rechts und Zoom auf H. L.s linke Hand in Detailaufnahme (versteckter Kugelschreiber-Clip). Dann Kameraschwenk nach links, begleitet H. L.s Bewegung. Während H. L. sich setzt, fährt die Kamera zurück und hoch, bis sie in Obersicht auf H. L. in Nahaufnahme blickt.	Schlüsselbund metallisch klimpernd; Schritte hohl klopfend auf Holz, leise; Hände reibend auf Metallstäben; H. L. dumpf klopfend auf Boden sitzend; Holzabsperrung auf Boden kratzend scharrend; Stiefel dumpf hart auf Boden schlagend; Handschellen metallisch klickend und an metallische Gitterstäbe metallisch schlagend.	Wie 1.	S. P.: Okay Doc, grab some floor. S. B.: Same drill as before please. H. L.: Mh-hm H. L.: I'm ready when you are, Sergeant Pembry.	Wie zuvor viel Braun, Schwarz, Weiß und die silbrig glänzenden Metallstäbe. Holzboden reflektiert wieder das Licht. Der goldene Kugelschreiberclip dient als leuchtender Akzent.	Licht von hinten oben, erzeugt etwas weichere Schatten als zuvor. Der Boden reflektiert stark, wie auch die metallischen Objekte im Bild und die Holzabsperrung.
	01:12:19 - 01:12:40					
9	01:12:40 - 01:12:47	Detailaufnahme auf H. L.s und S. B.s Hände, anlegen der Handschellen. Leichte Kameraschwenks zur Einstellungskorrektur. Anschließend Kamerafahrt noch näher auf H. L.s Hände.	Handschellen metallisch klickend und klimpernd; UKO kratzend schabend auf Holzboden.	Wie 1.		Hautfarbe. Schwarz, Dunkelgrau und grau-metallisch.	Indirektes Licht von rechter Seite. Starkes Spiel mit Licht und Schatten. Metallobjekte reflektieren.
10	01:12:47 - 01:12:52	Großaufnahme auf H. L. zentriert, Gitterstäbe und Tor im Hintergrund unscharf.	Handschellen metallisch klickend und klimpernd; Schritte leise dumpf schlagend; Mensch leise stossartig ausatmend Melodie d. Musik nachahmend.	Wie 1.	S. P.: Okay.	H. L. im Vordergrund sehr hell (Haut, T-Shirt). Augen erscheinen grau. Hintergrund grau-braun unscharf.	Licht von vorne oben, weiche starke Schatten auf H. L.s Gesicht und Hals. Das weiße T-Shirt reflektiert das Licht. Metallstäbe im Hintergrund glänzen.
11	01:12:52 - 01:12:56	Detailaufnahme auf H. L.s Hände. Leichte Kameraschwenks seine Bewegungen begleitend.	Handschellen metallisch klickend und klimpernd; Schlüsselbund metallisch klimpernd; Schlüssel metallisch klackend	Wie 1.	S. B.: Hand me that, would you? S. P.: uh-hu	Wie 9, aber dunkler, dunkelgrau erscheint schwarz.	Direktes Licht auf H. L.s Hände, sein Rücken ist hingegen im Schatten. Die metallischen Handschellen reflektieren das Licht.

Anhang 1: Sequenzprotokolle

THE SILENCE OF THE LAMBS – Szene 2: Hannibals Flucht. 01:11:10–01:15:10
H. L. = Hannibal Lecter; S. P. = Sergeant Pembry ; S. B. = Sergeant Boyle.

12	01:12:56 – 01:13:33	Schwenk von links unten nach rechts weiter oben, begleitet die Bewegungen des Sergeants. S. B. zentriert von Gittern umrahmt, S. P. im Hintergrund. Danach Kamerafahrt auf Tablar und Kameraschwenk auf S. B.s Gesicht, zentriert. Kamera begleitet S. B. und fährt nach links unten und dann wieder auf den Tisch. Großaufnahme der Zeichnungen und S. B.s Händen. Danach Kamera auf S. P. zentriert, von Gittern eingerahmt. Kamerafahrt zurück nach links unten mit S. B.	Metallische Gabel klimpernd auf Metalltablar; im metallischen Schlüsselloch; Porzellanteller und Metallbesteck klappernd klimpernd auf Metalltablar; Schritte leise dumpf schlagend; Schlüsselbund metallisch klimpernd; Schlüssel metallisch klackend im metallischen Schlüsselloch; Metalltüre leise knarrend; Mensch scharf pfeifend ausatmend; Kleider sehr leise raschelnd; Metalltablar auf Holzboden knallend klirrend; Papier raschelnd knacksend.	Wie 1. S. B.: Thanks. H. L.: Mind the drawings, please. Thank you.	Farben wie zuvor. Schwarz, Braun, Dunkelgrau, farbige Akzente nur durch Essen (grün, gelb) und die metallischen Objekte. Goldene Akzente (Design auf Zeitschrift, Schlüsselbund, Abzeichen), das warme orange Licht im Hintergrund unterstützt dies, H. L. sehr blass in Weiß. Weißes und beiges Papier (Zeichnungen).	Beginnt wie 10. Licht strömt weiterhin aus dem Inneren der Zelle hinaus. Starker Schattenwurf auf Gesichter und Objekte. Metalltablar, weißer Teller und weitere metallische Objekte glänzen im Licht. H. L.s weißes T-Shirt leuchtet hell, wie auch das Papier.
13	01:13:33 – 01:13:36	Großaufnahme auf S. B.s Hand und H. L.s Hand der ihm die Handschellen anlegt. Kurzer Kameraschwenk nach rechts, die Bewegung von S. B. begleitend. Dann Kamerafahrt hoch auf die Gesichter von H. L. und S. B., symmetrische Komposition mit Gitterstab im Zentrum.	Handschellen schnell einrastend klickend; Handschellen Luft bewegend wuschend.	Extradiegetische Themenmusik setzt ein, Bachs Variationen sind nicht mehr zu hören. Musik stark emotionalisierend, suggeriert Höhepunkt.	Holzboden matt braun, Metalltablar und Handschellen silbern glänzend.	Licht von oben, wird vom Tablar und den Handschellen reflektiert, wirft starke Schatten auf Holzboden. Schattenwurf auf H. L. und S. B.s Gesicht, ihre Haare glänzen im Licht, das weiße T-Shirt leuchtet.
14	01:13:36 – 01:13:37	Achsensprung auf andere Seite der Gitter, Nahaufnahme aus Untersicht auf H. L. und S. B., Kamerawinkel nach rechts geneigt. Die Gitterstäbe sind prominent im Vordergrund.	Mensch scharf keuchend ausatmend; Handschellen gegen Metallstäbe klickend.	S. B.: Jimmy watch it…	Die silbernen Metallstäbe dominieren das Farbschema. S. B. in dunkelgrau, H. L. in Weiß. Haut im Schatten, erscheint dunkler.	Licht von hinten oben. H. L. und S. B. befinden sich in dieser Perspektive im Schatten. Die Metallstäbe glänzen stark.

125

Tondesign und Farbgestaltung als affektive und subjektivierende Stilmittel

15	01:13:37 - 01:13:38	Nahaufnahme auf S. P. hinter Gittern aus Untersicht, Kameravinkel schief, leichte Kamerabewegung nach rechts, als S. P. gegen das Tor hechtet.	Besteck und Teller gegen Metalltablar klappernd.	Wie 13.	S. B.:...he's cuffed me! S. P.: (schreit unverständlich)	Wie zuvor dominiert das Silber. Muster an der Decke leicht farbig (gelb, rot, grün).	Licht von oben, Schatten auf S. P's Gesicht, Metallstäbe reflektieren. Hintergrund im Dunkeln, Deckenbalken werfen Schatten.
16	01:13:38 - 01:13:39	Nahaufnahme auf H. L. aus Untersicht, Kameravinkel stark nach links geneigt.	Besteck und Teller gegen Metalltablar klappernd; Mensch tief kräbend gurgelnd brüllend.	Wie 13.		Wenig Farbe ausser Muster an der Decke. H. L. sehr hell im Vordergrund, glänzende Metallstäbe setzen Akzente.	H. L. wird direkt von oben beleuchtet, seine Augen glitzern im Licht, sein T-Shirt leuchtet und seine Haut wirkt hell. Die Metallstäbe im Hintergrund glänzen stark. Aus dieser Perspektive werden verschiedene Kugelförmige Leuchter an der Decke sichtbar, die diese teilweise beleuchten.
17	01:13:39 - 01:13:40	Detailaufnahme auf H. L.s Fuss, der gegen das Gittertor schlägt. Kamera aus Obersicht.	Schuh gegen Metalltüre dumpf klatschend knallend.	Wie 13.		Weißer Schuh, Socken und Hose im Vordergrund, Hintergrund honigbraun und leicht grünlich. Metallstäbe glänzen metallisch-golden.	Weiße Bekleidung und Schuh im Vordergrund stark von oben beleuchtet, leuchten. Der Holzboden im Hintergrund reflektiert stark das Licht einer Lichtquelle (Ursprung unklar). Die Metallstäbe glänzen metallisch.
18	01:13:40 - 01:13:41	Wie 15., S. P. zentriert.	Metalltüre gegen Körper dumpf klatschend knallend; Mensch schmerzvoll scharf stöhnend.	Wie 13.		Wie 15.	Wie 15.
19	01:13:41 - 01:13:41	Großaufnahme zentriert frontal auf H. L., der Sich schnell auf die Kamera zubewegt.	Mensch wild fauchend schreiend.	Wie 13.		H. L. im Vordergrund sehr hell in Weiß. Hintergrund unauffällig bis auf die glänzenden Metallstäbe. Ganz leicht sieht man im Hintergrund die Farben der Wand. Hautfarbe.	H. L. wird von oben rechts beleuchtet, Schattenwurf auf seiner linken Gesichtshälfte. Die Falten des T-Shirts werfen ebenfalls weiche Schatten. Die Gitterstäbe und weitere metallische Objekte im Hintergrund glänzen und es ist wieder ein beleuchtetes Bild zu sehen.
20	01:13:41 -	Großaufnahme von hinten auf H. L. wie dieser S. P. angreift. Kamera links, ca. im 30Grad Winkel.	Hände auf Gesicht klatschend; Mensch scharf ausatmend stöhnend;	Wie 13.		Rechte Seite sehr hell durch H. L.s T-Shirt, auf der linken Seite dunkle Farben (Uniform, Holz). Hautfarbe.	Beleuchtung von hinten oben, direkt auf H. L.s weißes T-Shirt, welches stark leuchtet. Das Gesicht v. S. P. ist ebenfalls gut ausgeleuchtet, einzig

Anhang 1: Sequenzprotokolle

THE SILENCE OF THE LAMBS – Szene 2: Hannibals Flucht. 01:11:10-01:15:10
H. L. = Hannibal Lecter; S. P. = Sergeant Pembry; S. B. = Sergeant Boyle.

			Mensch animalisch knurrend			
21	01:13:42 - 01:13:43	Perspektivwechsel, Kamera jetzt hinter S. P. in Großaufnahme, H. L. beisst ihn.	Mensch animalisch knurrend; Mensch schmerzerfüllt stöhnend schreiend.	Wie 13.	Dunkelblaue/graue Uniform (S. P.), weißes T-Shirt (H. L.), Hautfarbe.	Licht von hinten oben, H. L.s Gesicht ist im Schatten, wie auch S. P.s Hinterkopf. Die Gitterstäbe im Hintergrund werden direkt beleuchtet und reflektieren das Licht.
22	01:13:43 - 01:13:45	Wie 20, aber Näher, Detailaufnahme von S. P.s Gesicht.	Mensch animalisch knurrend; Mensch schmerzerfüllt stöhnend schreiend.	Wie 13.	Wie 20, ein Großteil des Bildes wird vom weißen T-Shirt eingenommen, Hautfarbe auch dominant, der Resten dunkel/schwarz.	Wie 20.
23	01:13:45 - 01:13:47	Nahaufnahme auf S. B. an Gitterstab angekettet, links-zentriert, leichte Obersicht.		Wie 13.	S. B. im Vordergrund in Dunkelblauer Uniform mit Farbakzenten (US-Aufnäher), Hintergrund zum Großteil Dunkelbraun, mit Metallstäben (Dunkelgrau) und Holzabsperrung (weiß-schwarz gestreift).	Hauptlicht von links oben, starker Schattenwurf auf S. B.s rechter Gesichts- und Körperhälfte. Metallische Objekte und Holzboden im Hintergrund reflektieren stark.
24	01:13:47 - 01:13:50	Großaufnahme auf blutverschmierten H. L. zentriert, der S. P.s Kopf (vorne links unscharf) gegen das Gitter knallt. Gitterstäben im Hintergrund.	Kopf fest gegen Metall knallend; Mensch schmerzerfüllt stöhnend schreiend jammernd; Mensch knurrend stöhnend.	Wie 13.	H. L. zentriert weiß mit tomatenrotem schattenbedecktem Blut um den Mund. Links grausilberne Haare S. P.s Hintergrund dunkel, braun und Metallstäbe, dunkelgrau glänzend. Hinter H. L. ist der beige Stoff des Raumtrenners zu sehen.	Licht von hinten oben, H. L.s Gesicht ist im Schatten. Sein T-Shirt und seine Haare reflektieren das Licht, wie auch die von S. P. Etwas Blut an H. L.s Kinn glänzt feucht, Gitterstäbe im Hintergrund glänzen ebenso. Beleuchtetes Bild.
25	01:13:50 - 01:13:53	Wie 23, vertikaler Kameraschwenk nach unten, als S. B. versucht den Schlüssel zu erwischen.	Metall auf Holz fallend klimpernd und klickend; Pfefferspray sprühend.	Wie 13.	Wie 23.	Wie 23.
26	01:13:53	Wie 24, H. L. sprüht den Pfefferspray in S. P.s Gesicht.	Pfefferspray sprühend; Mensch schmerzerfüllt schrei-	Wie 13.	Wie 24.	Wie 24.

Dialog (Zeile 22): S. B.: Jesus Christ! (schreit)

Tondesign und Farbgestaltung als affektive und subjektivierende Stilmittel

	Timecode	Kamera	Ton	Dialog	Licht/Farbe
	-		end und klagend; Metall klimpernd und klickend.		
	01:13:55				
27	01:13:55 - 01:13:57	Nahaufnahme auf S. P., der auf dem Boden sinkt. Kamera statisch, leichte Untersicht.	Mensch bellend schreiend; Mensch dumpf auf Boden klatschend; Hölzerner Schlagstock auf Metall reibend; Kleider raschelnd.		Licht direkt von oben, starker Schattenwurf auf S. P.s Gesicht durch seine erhobene Hand. Blut auf seinem Gesicht glänzt feucht, Metallstäbe im Hintergrund reflektieren.
28	01:13:57 - 01:14:00	Wie 23. Kamera fährt auf S. B. zu.	Metall auf Holz fallend klimpernd und klickend; Mensch bellend Luft ausstossend schreiend.	S. P.: I need help. (unverständlich)	Wie 23.
29	01:14:00 - 01:14:03	P.O.V. von S. B. auf H. L. zentriert aus starker Untersicht. Kamera bewegt sich leicht als H. L. auf S. B. zugeht. Gitterstäbe prominent im Hintergrund.	Metall auf Metall klimpernd und klickend; Mensch glucksend bellend Luft ausstossend leise.		H. L. sehr blass, weißes T-Shirt, blass-rotes, durchsichtiges Blut um seinen Mund. Hintergrund dunkel (braun, etwas dunkelblau), metallisch-silbern glänzende Metallstäbe.	Licht von oben rechts, erzeugt Schatten auf H. L.s linker Körperhälfte. Blut im Gesicht glänzt nass. Schlagstock und Metallstäbe reflektieren Licht. Deckenlampe sichtbar im Hintergrund ausserhalb d. Zelle.
30	01:14:03 - 01:14:05	S. B. in Großaufnahme, zentriert, leichte Obersicht. Kamera fährt auf S. B.s Gesicht zu.	Metall auf Metall reibend, anstossend klackend; Mensch schreiend.	S. B. (schreit)	Wie 23.
31	01:14:05 - 01:14:13	Wie 29. Kamera fährt langsam auf H. L.s Gesicht zu, während dieser mit dem Schlagstock auf S. B. einprügelt.	Schlagstock dumpf auf Körper fallend, knirschend; Mensch schnell tief keuchend rhythmisch Luft ausstossend; Mensch bellend stöhnend; Blut tröpfelnd spritzend;	Wie 13.	Wie 29. Mit jedem Schlag spritzt rotes Blut auf H. L.s weiße T-Shirt und auf sein Gesicht.	Wie 29. Schatten überdeckt ganzes Gesicht. Blut spritzt nass glänzend.

128

Anhang 1: Sequenzprotokolle

THE SILENCE OF THE LAMBS – Szene 2: Hannibals Flucht. 01:11:10-01:15:10
H. L. = Hannibal Lecter; S. P. = Sergeant Pembry; S. B. = Sergeant Boyle.

	Zeit	Bild	Geräusche	Musik	Dialog	Farbe	Licht
32	01:14:13 – 01:15:10	Beginnt mit Großaufnahme auf Metalltablar mit Essen aus Obersicht. Unten links ist S. B.s blutverschmierte Hand zu sehen. Danach Kameraschwenk entlang S. B.s Körper und der Blutlache links von ihm auf Detailaufnahme H. L.s Hand, die über dem Kassettenrekorder im Takt der Musik hin und her schwingt. Kamera fährt hoch, weg vom Tisch und H. L. kommt ins Bild, aus starker Obersicht. Kamera fährt weiter hoch und zurück bis fast die ganze Zelle im Bild ist. Als sie ihren höchsten Punkt erreicht hat, bleibt die Kamera statisch und filmt aus der Vogelperspektive auf die Zelle hinab. Die Bildkomposition weist verschiedene geometrische Formen und Muster auf.	Metall auf Metall säbelartig reibend klirrend; Blut leise tröpfelnd; Kleider raschelnd im Hintergrund; Mensch stöhnend im Hintergrund; Schlüsselbund metallisch klirrend und klickend; Textil auf Holzboden knirschend reibend; Schritte dumpf hohl auf Holzboden klopfend leise; Kleider raschelnd; Taschenmesser scharf klickend einrastend.	Extradiegetische Themenmusik wird langsam ausgeblendet, diegetische Musik (Bach Goldberg Variationen) wieder hörbar.	S. P.: (unverständlich) H. L.: Ready when you are, Sergeant Pembry.	Hauptfarben wie zuvor: Braun, Beige, Dunkelblau, allgemein dunkel, metallisch-silbern glänzende Objekte, farbige Akzente im Essen. H. L.s weißes T-Shirt ist am hellsten, aber es hat noch weitere kleinere helle/weiße Akzente (Teller, Salzstreuer, Papier, Taschenmesser, helles Muster im Teppich, Leintuch). Blasses durchsichtiges Blut an verschiedenen Stellen auf dem Boden. Das Blut hat dieselbe Farbe wie ein Teil des Musters im Teppich: bräunlich-rostbraun. Nur die große Blutlache links von S. B.s Kopf ist blutrot, aber auch leicht transparent und glänzend. Blut in H. L.s Gesicht erscheint hell, leicht orange. S. B.s schwarze Lederschuhe glänzen.	Licht von oben beleuchtet die gesamte Zelle ebenmäßig, es kommt zu starker Schattenbildung. Blut glänzt nass, metallische Objekte, metallische Objekte der Zelle nur spärlich beleuchtet

129

Tondesign und Farbgestaltung als affektive und subjektivierende Stilmittel

#	Zeit	Bild	Geräusche	Musik	Sprache	Farbe	Licht und Schatten
0	01:35:22 - 01:35:24	Halbnahe Einstellung auf F.B.I.-Agent als Lieferbote verkleidet vor Haus des Verdächtigen. Kamera frontal in leichtem Winkel auf Türe. Türe drittelt das Bild.	Hintergrundgeräusch rauschend tosend (Flugzeuge, Autobahn?).			Haus aus rotem Backstein, mit beigen Details, Türe und Geschenkverpackung ebenfalls weiß mit brillantem rotem Geschenkband. Bildkomposition erzeugt einen „Color-blocking"-Effekt. Agent in satt dunkelblauem Anzug mit roter, gelber, weißer und grüner Schrift. Etwas grüne Vegetation links unten im Bild. Türknopf glänzt goldmetallisch poliert.	Szene naturalistisch ausgeleuchtet.
1	01:35:24 - 01:35:27	B. B.s Haus. Detailaufnahme aus Untersicht auf Alarmanlage in B. B.s Haus, Kamerawinkel nach rechts abgedreht. Leichte Kamerafahrt hoch.	Alarm schellend, rauschend, donnernd, leutend, sehr laut und dominant; Frau laut schreiend im Hintergrund.	Ganz leise im Hintergrund, diegetische Musik: „Hip Priest", The Fall	C. M.: (weit entfernt schreiend) Help, down here.	Dominierende Farben sind das Braun von Holz und Decke, schmutzig Weiß-durchsichtige Spinnweben. Alarm erzeugt flackerndes grünes Licht.	Low-Key-Beleuchtung von unten rechts, oberer Bildteil weist starke Schatten und Dunkelheit auf. Spinnweben schimmern im Licht. Grünes flackerndes Licht als starker Akzent.
2	01:35:27 - 01:35:31	Halbnahe Aufnahme auf B. B. in seiner ‚Höhle', er bewegt sich auf die Kamera zu. Kamera fährt auf sein Gesicht. Der Hintergrund ist dunkel, aber vollgestopft mit Objekten und Faltern.	Alarm schellend leutend, sehr laut.	Wie 2.	C. M.: (weit entfernt schreiend) Down here! Help!	Hauptfarben in blassen Haut- und Beigetönen gehalten. Verschiedene Texturen unterstreichen die Hautähnliche Qualität dieser Farben (Kleiderpuppen, Stoff, Lampenschirm). Dazu kommen verschiedenste Farbakzente im Hintergrund der überladenen Bildkomposition (blau-weiß-rote U.S.-Flagge, rote Fotografie, hellblaue Postkarten, dunkelblaue Kleider, hellblau-hellbraun der Weltkarte, usw.).	Weiterhin dunkle Einstellung, vier diegetische Lichtquellen sichtbar, die aber nur punktuell aufhellen. Viele der Objekte sind im Schatten und erzeugen selbst starke Schatten. Close-Up auf B. B. lässt auf eine schwache Lichtquelle an der Decke links oben schließen, starker Schattenwurf auf B. B.s rechte Seite. Der Revolver reflektiert das Licht und glänzt metallisch.
3	01:35:31 - 01:35:35	Wie 0.	Schuhe knirschend auf Beton; Flugzeug tosend rauschend; Türklingel leise surrend.			Wie 0.	Wie 0.
4	01:35:35	Haus des Verdächtigen. Kamera in Nahaufnahme auf C. C.	Flugzeug tosend rauschend.			Hintergrund in Braun- und Grüntönen, C. C. trägt ebenfalls	Einstellung naturalistisch ausgeleuchtet, das Fahrzeug wirft

Anhang 1: Sequenzprotokolle

THE SILENCE OF THE LAMBS – Szene 3: Clarice Starling findet Buffalo Bill. 01:35:22 – 01:38:47
C. S. = Clarice Starling; B. B. = Buffalo Bill; C. C. = Captain Crawford; C. M. = Catharine Martin.

	– 01:35:36	hinter Lieferwagen. Kamera filmt aus dem Fahrzeug heraus auf C.C., der vom Fenster eingerahmt wird. Hintergrund unscharf.		einen Kamelbraunen Mantel. Das rote Fahrzeuginnere bildet einen Kontrast zu den restlichen, erdigen Farben. Die Materialität des schwarzen Ledersitz wird durch die Lichtgestaltung unterstützt.	Schatten auf C.C.'s Gesicht. Der Ledersitz reflektiert das Licht.
5	01:35:36 – 01:35:39	Detailaufnahme auf Türklingel und Hand des verkleideten F.B.I. Agenten, der die Klingel drückt.	Flugzeug tosend rauschend; Schuhe knirschend schleifend auf Beton.	Weiße Tür nimmt ein Großteil der Einstellung ein, beige/bräunliche Schmutzspuren. Türklingel glänzt metallisch silbrig.	Szene naturalistisch ausgeleuchtet, keine Auffälligkeiten.
6	01:35:39 – 01:35:42	Wie 1, statische Einstellung.	Alarm schellend, rauschend, donnernd, lautend, sehr laut und dominant.	C. M. (weit entfernt schreiend): I'm down here!	Wie 1.
7	01:35:42 – 01:35:46	B. B's Haus. Halbtotale auf B. B's Küche, ebenfalls vollgestopft und unaufgeräumt.	Holztür dumpf aufschlagend knallend quietschend; Türklingel läutet glockenartig hell; Alarm schellend im Hintergrund; Mensch pfeifend ausatmend.	Wie I.	B. B.: (murmelt) Okay, I'm coming.	Das gesamte Zimmer scheint in einem grauen Nebel getaucht zu sein (Filter?). Die meisten Objekte sind braun-grau, beige-grau, grün-grau oder hellblau-grau. Farben allgemein blass und kalt, nebelartig körnig. Die senffarbene Tapete weist verschiedene Muster auf und es finden sich mehrere. Blass-orange Akzente. B. B. in einem hellen, blassen senffarbenen Hemd das der Farbe seiner Haare und der Tapete ähnelt.	Vordergrund des Bildes schwach von oben beleuchtet, das Porzellan reflektiert das Licht, wie auch verschiedene metallische Objekte. Im Hintergrund links erzeugt Lichteinfall von links durch Jalousien oder Fensterläden ein Lichtmuster an der Wand.
8	01:35:46 – 01:35:50	Wie 4. Nachdem C. C. das Bild verlässt, wird der Hintergrund scharf gestellt und zwei weitere Agenten treten ins Bild	Hintergrundgeräusch rauschend, tosend (Flugzeuge, Autobahn?) leise; Kleider raschelnd leise; Funkgerät dumpf auf Autositz aufprallend, leise; Funkgerät leise surrend, rau-		C.C.: We're going in.	Wie 4, schwarzes Sturmgewehr mit hellbraunem, glänzendem Schalldämpfer.	Wie 4.

131

Tondesign und Farbgestaltung als affektive und subjektivierende Stilmittel

9	01:35:50 - 01:35:57	B. B.s Haus Großaufnahme auf B. B., der C. S. die Türe öffnet. Kamera hinten links von B. B., dieser nur rechts unscharf sichtbar, C. S. zentriert im Bild, wird von spiegelnden Glaseinsätzen an Türe eingerahmt.	schend; Schritte schnell schabend, klopfend auf Naturboden; Gewehre klickend Hintergrundgeräusch rauschend, tosend (Flugzeuge, Autobahn?) leise; Türgriff und -falle klackend; Tür quietschend; Schritte auf Holz hohl schlagend, scharrend; Vogel zwitschernd; Kleider raschelnd.	C. S.: Good afternoon, ehm, sorry to bother you, I'm in looking for Mrs. Lippman's family?	Einstellung mit verschiedenen Mustern und Texturen (weiße Häkelvorhänge, weiß-beige-grüne Tapete, gelb-orange Tapete, braune Maserung des hölzernen Türrahmens, senfgelb-braunes Hemd von B. B., C. S. trägt ihren waldgrünen Wollmantel, einen hellgrauen gestrickten Schal und weiße Perlenohrringe. Das Glasfenster im Hintergrund erscheint milchig-weiß spiegelnd.	Einstellung naturalistisch ausgeleuchtet, Lichtquelle von links oben wirft weiche Schatten auf C. S.s Gesicht und Kleider. B. B. ebenfalls von links beleuchtet. Türrahmen im Schatten. C. S.s Augen, Perlenohrringe und Haare glänzen im Licht.
10	01:35:57 - 01:35:58	Haus der Verdächtigen. Halbnahe Aufnahme vom Inneren des Hauses auf Türe, die vom F.B.I. von außen aufgebrochen wird. Agenten stürmen ins Haus.	Holztür berstend, krachend, schlagend gegen Wand, hölzern klappernd sehr laut; Schritte schwer auf Holz, dumpf.	F.B.I. Agent: F.B.I., everybody down!	Wohnungswände und Tür weiß, Uniformen der Agenten dunkelblau.	Das Licht dringt von außen durch die Tür in die Wohnung ein, die Wohnung ist nur schwach (naturalistisch für einen bedeckten Tag) beleuchtet. Keine diegetischen Lichtquellen im Haus.
11	01:35:58 - 01:36:00	Halbnahe auf Agenten, der durch das geschlossene Fenster in das Haus springt. Fenster zentriert, von Vorhängen eingerahmt, links und rechts rahmen Türrahmen das Bild ein.	Glas berstend klirrend sehr laut; Schuhe schwer und dumpf auf Holzboden knallend.	F.B.I. Agent: (unverständlich)	Die Wand ist in einem hellen, blassen Mintgrün gehalten, der gehäkelte Vorhang ist weiß und die Türrahmen senfgelb-beige. Die Türe rechts weist eine hellbraune Holzmaserung auf. Uniform des Agenten erscheint aufgrund der Lichtverhältnisse schwarz. Weißer Fensterrahmen fliegt durch das Bild.	Das Licht tritt von rechts in das Zimmer ein, das Zimmer selbst ist weiß und auffällig beleuchtet, die weichen Schatten lassen darauf deuten, dass sich oben links eine schwache Lichtquelle befindet.
12	01:36:00 - 01:36:05	B. B.s Haus Reverse Shot von C. S. auf B. B.. Großaufnahme C. S. in linker Bildhälfte, unscharf, B. B. rechts, scharf, eingerahmt. Die Türe trennt das Bild in zwei Hälften.	Leichtes Rauschen im Hintergrund; Tür quietschend; Schritte leicht auf Holz klopfend.	B. B.: No. Lippman's don't live here any more. C. S.: Excuse me, sir, I really need to speak with you.	Farben und Texturen wie in E. 9, die dominante Farbe ist Braun. B. B.s Augen erscheinen Veilchenblau, der Schatten neben dem rechten Türrahmen ebenfalls, aber heller und blasser.	Licht v. oben links, glänzt auf C. S.s Haaren und erzeugt Schatten auf B. B.s Gesicht.

Anhang 1: Sequenzprotokolle

THE SILENCE OF THE LAMBS – Szene 3: Clarice Starling findet Buffalo Bill. 01:35:22 – 01:38:47
C. S. = Clarice Starling; B. B. = Buffalo Bill; C. C. = Captain Crawford; C. M. = Catharine Martin.

13	01:36:05 - 01:36:07	Haus des Verdächtigen: Halbtotale auf ein leeres Zimmer, Agenten stürmen hinein.	Schuhe schwer, dumpf auf Holzboden klopfend hallend laut; Kleider raschelnd; Geräusch von zerspringendem Glas aus anderem Raum. Kleider leicht raschelnd.	F.B.I. Agent: Clear! F.B.I. Agent: Clear!	Wände erscheinen blass hell Mintgrün, mit beigen Details, Boden braunes Holzparkett beiger Tüll-artiger Vorhang, links im Bild. Uniformen dunkelblau/grau	Lichtquelle rechts oben, starker Schattenwurf. Plastikvisiere der Agenten spiegeln das Licht
14	01:36:07 - 01:36:10	Wie 12.	Leichtes Rauschen im Hintergrund, tosend, leise; Vogel zwitschernd.		Wie 12.	Wie 12.
15	01:36:10 - 01:36:13	Reverse Shot von B. B. auf C. S. in Großaufnahme. Kamera hinter B. B., dieser bedeckt etwa zwei Drittel des Bildes auf der rechten Seite, unscharf. C. S. ganz links scharf.	Leichtes Rauschen im Hintergrund, tosend, leise.	C. S.: Well, I'm investigating the death of Frederica Bimmel.	Farben wie E. 9, B.s senfgelbes gemustertes Hemd und sein Haar bedecken rechte Bildhälfte. Glasfenster oben links bieten Aussicht auf hellgrau-weiß erscheinende Landschaft.	Weiches schwaches Hauptlicht frontal von oben links, erzeugt weiche, schwache Schatten auf C. S.s Gesicht. Fülllicht von hinten links lässt ihre Haare glänzen.
16	01:36:13 - 01:36:18	Haus des Verdächtigen. Nahaufnahme auf Agenten in leerem Zimmer.	Schritte auf Holzboden dumpf, hohl, klopfend, knirschend, schabend.	F.B.I. Agent: There's no one here, Jack.	Wand hell, blasses Mint, ansonsten dunkle Farben mit hellen Akzenten (Augenweiß, Lichtreflexion auf Helmen, weiß-grau-gestreiftes Hemd). Verschiedene Texturen und Muster in Kleidung des zentralen Agenten (nicht in Uniform).	Licht von oben rechts, reflektiert auf Haut der Agenten und auf den Visieren. Starker Schattenwurf auf linke Seite.
17	01:36:18 - 01:36:22	Camerafahrt von Nahaufnahme zu Detailaufnahme auf C. C. zentriert.	Leichtes Rauschen im Hintergrund, tosend, leise; Mensch laut einatmend; Schritte schabend im Hintergrund.	C.C.: Clarice.	Hauptfarben: helle mintfarbene Wandfarbe, weiß-bläulich-bräunlich-gemusterter Stoffvorhang, brauner Wollmantel. Hinter C. C. große blassgelbe, transparente Fläche (Fenster mit Vorhang?)	Licht v. oben rechts, wirft Schatten auf C.C.s Gesicht. Fülllicht von hinten setzt C. C. von Hintergrund ab, ansonsten relativ wenig Licht.
18	01:36:22	Wie 15	Leichtes Rauschen im Hintergrund, tosend, leise;	C. S.: Your name is?	Wie 15.	Wie 15.

Tondesign und Farbgestaltung als affektive und subjektivierende Stilmittel

	- 01:36:30		Vogel zwitschernd; Kleider raschelnd.	B. B.: Oh, er Jack Gordon. C. S.: Mr. Gordon, good, er. Frederica used to work for Mrs. Lippman, did you know her?		
19	01:36:30 - 01:36:36	Detailaufnahme B. B.'s Gesicht zentriert, B. B blickt direkt in die Kamera. Im Hintergrund unscharf Inneres der Wohnung sichtbar	Leichtes Rauschen im Hintergrund, tosend, leise; Vogel zwitschernd; Kleider raschelnd.	B. B.: No, uh-uh. Oh wait, was she a great, big, fat person?	Hauptfarben: Hautfarbe, Senfgelb, Braun. B. B.'s Stahlblaue/veilchenblaue Augen als Akzent, wiederaufgenommen in Einrichtungsartikel rechts unscharf.	Hauptlicht frontal leicht erhöht auf B. B.'s Gesicht, erzeugt nur sehr kleine Schatten. Hintergrund unscharf und nur schwach beleuchtet.
20	01:36:36 - 01:36:43	Wie 15.	Leichtes Rauschen im Hintergrund, tosend, leise; Vogel zwitschernd; Kleider raschelnd.	C. S.: Yeah, she was a big girl, sir. B. B.: Yeah I, I met. No, I read about her in the newspaper.	Wie 15.	Wie 15.
21	01:36:43 - 01:36:49	Wie 19.	Leichtes Rauschen im Hintergrund; Tür leicht knarzend tackend leise.	B. B.: Ehm, Mrs. Lippman had a son, maybe he could help you. I got, I got his card in here someplace.	Wie 19.	Wie 19.
22	01:36:49 - 01:36:54	Halbtotale aus Vogelperspektive von der Decke in B. B.'s Haus. Bildkomposition erscheint geometrisch (Dreiecke, Rechtecke). Leichter begleitender Kameraschwenk, als C. S. ins Haus tritt.	Leichtes Rauschen im Hintergrund, tosend, leise; Tür quietschend; Kleider raschelnd, Füße auf Teppich scharrend; Schuhabsatz auf Holzboden stark klopfend. Tür knallend zuschlagend.	B. B.: ..Do you wanna come in while I look for it? C. S.: May I? B. B.: Yes. C. S.: Thank you.	Stark gemusterte Einstellung (Tapete, Teppiche, B. B.'s Hemd, abgenutzter Holzboden, Couchtisch). Hauptfarben Dunkelbraun, Dunkelgrau, Mittelbraun, Hellbraun, Beige, Waldgrün, Senfgelb. B. B.'s Kleider passen farblich zur Einrichtung des Hauses. Auch C. S. passt gut rein. Es werden immer dieselben Farben aufgegriffen, in anderen Variationen.	Knapp beleuchtete Einstellung. Licht von links unten wirft starke Schatten auf die rechte Seite von Objekten und Figuren. Tür oben links lässt etwas Licht eintreten, welches im anderen Zimmer stark auf dem Holzboden reflektiert.
23	01:36:54 -	Weiter Panoramaschwenk von rechts nach links auf B. B.'s Haus von außen.	Raschelndes, rauschendes Hintergrundgeräusch; Vogel zwitschernd.	B. B. (im Off): Are you close to catching somebody you think?	Unauffällige, naturalistische Herbstfarben, eher kalt. Zum Großteil in grünlichen, gräulichen und roströtlichen Farben	Extradiegetische Musik setzt ein. Streichinstrumente prominent. Naturalistisch unauffällig ausgeleuchtet. Der Himmel ist bedeckt, die Lichtstimmung herbstlich.

Anhang 1: Sequenzprotokolle

THE SILENCE OF THE LAMBS – Szene 3: Clarice Starling findet Buffalo Bill. 01:35:22 – 01:38:47
C. S. = Clarice Starling; B. B. = Buffalo Bill; C. C. = Captain Crawford; C. M. = Catharine Martin.

	01:37:13				
24	01:37:13 - 01:37:25	Frontale Nahaufnahme auf C. S. zentriert im Bild. Bildkomposition sehr voll, fast überladen. Hohe Tiefenschärfe. Langsam Camerafahrt rückwärts vor C. S., die direkt in die Kamera zu blicken scheint.	Raschelndes, rauschendes Hintergrundgeräusch; Schuhe leise auf Holzboden klopfend, knirschend, scharrend; Papier raschelnd knisternd.	C. S.: Yes, we may be. Did you..take over this place after Mrs. Lippman died, is that right?	Vielfalt an Textilien und Mustern. Farben eher dunkel: Dunkelbraun, Dunkelgrau, Hellgrau, Beige, Waldgrün. Hellgrün ein hellorange gemusterter Vorhang zu Beginn der Einstellung fällt aus dem Rahmen. Farben allg. eher blass und kalt. Dunkelbraunes Holz glänzt im Licht. Gegen Ende der Einstellung wiederholen sich die Farben v. C.S. im Raum und in der Tapete.	Low-Key-Beleuchtung, Raumlichkeiten nur indirekt beleuchtet, Beleuchtung simuliert Lichteinfall durch Fenster auf der linken Seite. Starke Schatten im ganzen Raum und auf C. S.
25	01:37:25 - 01:37:30	Halbtotaler Reverse Shot von C. S. (Kamera hinten rechts) auf B. B. C. S. vorne links in Großaufnahme. B. B. klein in linker Bildhälfte. Überladene Bildkomposition.	Papier raschelnd, knisternd; Kleider raschelnd.	Wie 23.	B. B.: Yeah, I, I bought this house two years ago.	Farben weiterhin blass und kalt, hauptsächlich braun, grau und sanftgelb, mit einzelnen, relativ unbunten Farbakzenten (rot, gelb). Auch in dieser Einstellung wiederholen sich die Farben, oder verschiedene Schattierungen einer selben Farbe.	Einstellung eher dunkel, Lichteinfall von rechts (Fenster) erzeugt breite Lichtbalken. C.S. in linker Bildhälfte sehr dunkel. Einige Objekte (Porzellanteller u.A.) reflektieren das Licht.
26	01:37:30 - 01:37:38	Wie 24, statische Kamera. C. S. wird durch den Türrahmen eingerahmt. Kameraschwenk nach rechts oben auf Bild an der Wand während C. S. spricht, dann zurück auf C. S.	Papier raschelnd, knisternd, leise.	Wie 23, Einsatz Blasinstrumente.	C. S.: Did she leave any records, any business records, tax forms, eh lists of employees?	Wie Ende 24. Das Bild in der rechten Bildhälfte spiegelt das Blau v. C.S.s Augen, welche in dieser Aufnahme stark stechen, da das Licht direkt hineinscheint.	Wie Ende 24. Licht erhellt C. S.s linke Gesichtshälfte und wirft starke Schatten auf ihre rechte Seite. Außerdem lässt das Licht ihre Augenfarbe herausstechen. Das Bild wird durch mehrere Lichtbalken erhellt.
27	01:37:38 - 01:37:49	Subjektiver Kameraschwenk in Nahaufnahme von rechts unten (Tisch, mit Papieren bedeckt) über B. B. nach links, auf eine große Rolle Klarsichtfolie. Dann zurück auf B. B. zentriert in Nahaufnahme.	Papier raschelnd, knisternd, leise; Falter leise flatternd aus dem Off.	Wie 26.	B. B.: No, nothing like that at all. Say, has the F.B.I. learned something? The police around here don't seem to have the first clue...	Wie 25. In dieser Einstellung sticht vor allem die transparente Materialität der Klarsichtfolie und die Materialität der Holzkonstruktion über dem Kamin ins Auge.	Licht fällt weiterhin durch das Fenster, erhellt die Objekte von einer Seite und erzeugt starke und viele Schatten. Das gesamte Bild erscheint dementsprechend recht dunkel. Die Klarsichtfolie reflektiert das Licht stark, was ihre eigene Materialität unterstreicht.
28	01:37:49	Großaufnahme auf C. S.s Gesicht zentriert.	Falter flatternd, raschelnd, lauter.	Wie 26.		C. S.s Gesicht sehr hell, ihre Stahlblauen Augen stechen weiterhin hervor. Der Hintergrund ist unscharf und ver-	Wie 26.

135

Tondesign und Farbgestaltung als affektive und subjektivierende Stilmittel

29	01:37:52 - 01:37:55	Detailaufnahme auf Fadenrollen und auf den Falter, der sich darauf niederlässt. Einstellung auf Falter zentriert.	Falter flatternd, raschelnd und quietschend.	Wie 26, leichte Intensivierung als das Insekt ins Bild kommt.		Lichteinfall von rechts oben. Lichtbalken fallen durch das Fenster ein. Spiel mit Licht und Schatten. Einige der Fäden schimmern im Licht.
					schwimmt zu einer gräulichen Masse. C. S.s Haare erscheinen in diesen Lichtverhältnissen sehr dunkel und glänzen stark.	
					Fadenrollen in jeweils unterschiedlichen Farben: Rostrot, Stahlblau, Hellblau, Beige, Hellgelb, helles Senfgelb, Schwarz, Graubraun, dunkles Türkis, usw. Falter Schwarz glänzend. Farbgistie Einstellung in dieser Sequenz, obwohl die Farben teilweise relativ blass sind.	
30	01:37:55 - 01:37:59	Close-Up auf C. S.s Gesicht, zentriert.		B. B.: Or maybe you got like a.	Wie 28.	Wie 28.
31	01:37:59 - 01:38:02	Nahaufnahme auf B. B. zentriert. Vertikale Linien dominieren das sehr volles Bild.	Schritt auf Holzboden scharrend; Papier raschelnd.	B. B.: ... description for your person, something like that?	Wie 25.	Wie 25.
			Wie 30, Musik wird stärker emotionalisierend.			
32	01:38:02 - 01:38:05	Wie 28.		C. S.: No.	Wie 28.	Wie 28.
			Wie 31.			
33	01:38:05 - 01:38:07	Wie 31.	Wie 31.		Wie 25.	Wie 25.
34	01:38:07 -	Beginnt wie 28, dann vertikaler Kameraschwenk nach unten. Großaufnahme auf C. S. Hand, die die Sicherheit an ihrer Schusswaffe löst. Danach zu-	Sicherung der Pistole leise klickend;	C. S.: No, I don't.	Wie 28. Es kommt das Hellbraun und Dunkelbraun der ledernen Gurttaschen dazu. Diese glänzen im Licht weich, was	Wie 28.

Anhang 1: Sequenzprotokolle

THE SILENCE OF THE LAMBS – Szene 3: Clarice Starling findet Buffalo Bill 01:35:22 – 01:38:47
C. S. = Clarice Starling; B. B. = Buffalo Bill; C. C. = Captain Crawford; C. M. = Catharine Martin.

35	01:38:12 - 01:38:12	rück auf Ausgangsposition.	Papier raschelnd, klackend.	Wie 31.		Wie 25.
			Kleider leise raschelnd.		ihre Materialität betont.	
36	01:38:15 - 01:38:19	Großaufnahme auf B. B.s Revolver der auf dem Herd in der Küche liegt. Kamerafährt rückwärts und Schwenk nach oben auf Türe, durch die B. B. von hinten sichtbar ist. B. B. ist fast zentriert und wird vom Türrahmen eingerahmt.	Kleider raschelnd.	Wie 31, weitere Steigerung, als Waffe ins Bild kommt.	B. B.: Oh, here...	Zimmerwände in bedecktem Giftgrün, auffallend im Kontrast zur Umgebung. Ansonsten viel Senfgelb (Sofa in der Pfanne, Flocken auf dem Herd, Tapete, B. B.s Hemd). Schwarz- und Metallisch-grau.	Dunkle Einstellung, Licht von links, wird von metallischen Gegenständen (Revolver, Pfannen) reflektiert. Starke Schatten.
37	01:38:19 - 01:38:21	Wie 31, leichter begleitender Kameraschwenk, als B. B. sich etwas auf C. S. zubewegt.	Schritte leicht scharrend auf Holzboden, leise.	Wie 36.	B. B.: 's that number...	Wie 25.	
38	01:38:21 - 01:38:26	Wie 28.		Wie 36.	C. S.: Very good Mr. Gordon... May I use your phone, please?	Wie 28.	
39	01:38:26 - 01:38:28	Wie Endposition 37.	Mensch lachend, leise prustend.	Wie 36.		Wie 25.	Wie 25.
40	01:38:28 - 01:38:31	Wie 28.		Wie 36.		Wie 28.	Wie 28.

Tondesign und Farbgestaltung als affektive und subjektivierende Stilmittel

#	Timecode	Einstellung	Ton	Dialog	Farbe	Bemerkung
41	01:38:31 - 01:38:35	Wie 39.	Kleider und Papier leise raschelnd. Mensch lachend, leise prustend, stark ausatmend.	B. B.: (lachend) Sure you can use my phone…	Wie 36.	Wie 25.
42	01:38:35 - 01:38:40	Nahaufnahme von C. S. zentriert, mehrfach eingerahmt durch Türrahmen, hohe Tiefenschärfe.	Hände dumpf gegen schwere Jacke schlagend. Schritte hohl auf Holzboden klopfend, trappelnd. Pistole metallisch knirschend, klimpernd.	C. S.: Freeze! Put your hands over your head…	Wie 36, weitere Steigerung. Hauptfarben Waldgrün, Grau, Braun. Der Hintergrund ist wieder scharf, wodurch die Muster auf den Tapeten zu erkennen sind. Materialität des Wollmantels und des Schals fällt besonders auf.	Einstellung heller als zuvor, immer noch Lichteinfall (Lichtbalken) von oben links (Fensterläden). C. S.s Gesicht ist zur Hälfte beleuchtet und zur Hälfte im Schatten. Die Farben wirken heller.
43	01:38:40 - 01:38:43	Wie 39.	Papier fallend, raschelnd.	C. S.: …and turn around, spread your legs!	Wie 42.	Wie 25.
44	01:38:43 - 01:38:45	Großaufnahme C. S. zentriert. Hintergrund unscharf.		C. S.: Spread your legs!	Wie 42.	Wie 28. Wie 28, die linke Hälfte von C. S. ist im Licht, die andere im Schatten.
45	01:38:45 - 01:38:47	Wie 39.	Papier fallend, raschelnd. Kleider raschelnd.	C. S.: Put your hands in the back, thumbs up…	Wie 42.	Wie 25.
46	01:38:47 - 01:38:47	Wie 42.	Türe im Hintergrund klackend.	C. S.: (schreiend) Freeze!	Wie 42.	Wie 28.

FILM- UND MEDIENWISSENSCHAFT

Herausgegeben von Irmbert Schenk und Hans Jürgen Wulff

ISSN 1866-3397

1   *Oliver Schmidt*
    Leben in gestörten Welten
    Der filmische Raum in David Lynchs *Eraserhead, Blue Velvet, Lost Highway* und *Inland Empire*
    ISBN 978-3-89821-806-1

2   *Indra Runge*
    Zeit im Rückwärtsschritt
    Über das Stilmittel der chronologischen Inversion in *Memento, Irréversible* und *5 x 2*
    ISBN 978-3-89821-840-5

3   *Alina Singer*
    Wer bin ich? Personale Identität im Film
    Eine philosophische Betrachtung von *Face/Off, Memento* und *Fight Club*
    ISBN 978-3-89821-866-5

4   *Florian Scheibe*
    Die Filme von Jean Vigo
    Sphären des Spiels und des Spielerischen
    ISBN 978-3-89821-916-7

5   *Anna Praßler*
    Narration im neueren Hollywoodfilm
    Die Entwürfe des Körperlichen, Räumlichen und Zeitlichen in *Magnolia, 21 Grams* und *Solaris*
    ISBN 978-3-89821-943-3

6   *Evelyn Echle*
    Danse Macabre im Kino
    Die Figur des personifizierten Todes als filmische Allegorie
    ISBN 978-3-89821-939-6

7   *Miriam Grossmann*
    Soziale Figurationen und Selbstentwürfe
    Schauspieler und Figureninszenierung in Eric Rohmers *Pauline am Strand, Vollmondnächte* und *Das grüne Leuchten*
    ISBN 978-3-89821-944-0

8   *Peter Klimczak*
    40 Jahre ‚Planet der Affen'
    Zeitgeist- und Reihenkompatibilität – über Erfolg und Misserfolg von Adaptionen
    ISBN 978-3-89821-977-8

9   *Ingo Lehmann*
    Ziellose Bewegungen und mediale Selbstauflösung
    Das absurde «Genrefilm-Theater» Monte Hellmans
    ISBN 978-3-89821-917-4

10 *Gerd Naumann*
    Der Filmkomponist Peter Thomas
    Von Edgar Wallace und Jerry Cotton zur Raumpatrouille Orion
    ISBN 978-3-8382-0003-3

11 *Anja-Magali Bitter*
    Die Inszenierung des Realen
    Entwicklung und Perzeption des neueren französischen Dokumentarfilms
    ISBN 978-3-8382-0066-8

12 *Martin Hennig*
    Warum die Welt Superman nicht braucht
    Die Konzeption des Superhelden und ihre Funktion für den Gesellschaftsentwurf in US-amerikanischen Filmproduktionen
    ISBN 978-3-8382-0046-0

13 *Esther Lulaj*
    Nimm (nicht) ab!
    Zur Funktion des Telefons im Spielfilm – Von Metropolis bis Matrix
    ISBN 978-3-8382-0125-2

14 *Boris Rozanski*
    Das ungleiche Liebespaar in der 'Screwball Comedy'
    Paarbildung und Selbstfindung von Frank Capras *It Happened One Night* bis zu Jonathan Demmes *Something Wild*
    ISBN 978-3-8382-0145-0

15 *Carolin Lano*
    Die Inszenierung des Verdachts
    Überlegungen zu den Funktionen von TV-mockumentaries
    ISBN 978-3-8382-0214-3

16 *Christine Piepiorka*
    LOST in Narration
    Narrativ komplexe Serienformate in einem transmedialen Umfeld
    ISBN 978-3-8382-0181-8

17 *Daniela Olek*
    LOST und die Zukunft des Fernsehens
    Die Veränderung des seriellen Erzählens im Zeitalter von *Media Convergence*
    ISBN 978-3-8382-0174-0

18 *Eleonóra Szemerey*
    Die Botschaft der grauen Wand
    Über die Vermittlung von Hoffnung und Hoffnungslosigkeit in Aki Kaurismäkis Verlierer-Filmen
    ISBN 978-3-8382-0222-8

19 *Florian Plumeyer*
    Sadismus und Ästhetisierung
    Folter als kultureller und filmischer Exzess im Gegenwartskino
    ISBN 978-3-8382-0188-7

20 *Jonas Wegerer*
    Der nahe Fremde: Der amerikanische Western in den Kinos der Bundesrepublik Deutschland (1948-1960)
    Eine rezeptionshistorische Analyse
    ISBN 978-3-8382-0307-2

21 *Peter Podrez*
   Der Sinn im Untergang
   Filmische Apokalypsen als Krisentexte im atomaren und ökologischen Diskurs
   ISBN 978-3-8382-0254-9

22 *Yvonne Augustin*
   Episodisches Erzählen im Film
   Alejandro González Iñárritus Filmtrilogie AMORES PERROS, 21 GRAMS und BABEL
   ISBN 978-3-8382-0335-5

23 *Julia Steimle*
   Fiktive Realität – reale Fiktion
   Realitätsebenen und ihre Integration im Hollywood-Backstage-Musical, untersucht anhand von THE BROADWAY MELODY, GOLD DIGGERS OF 1933, THE BAND WAGON, ALL THAT JAZZ und MOULIN ROUGE!
   ISBN 978-3-8382-0319-5

24 *Jana Heberlein*
   Die *Neue Berliner Schule*
   Zwischen Verflachung und Tiefe: Ein ästhetisches Spannungsfeld in den Filmen von Angela Schanelec
   ISBN 978-3-8382-0407-9

25 *Karoline Stiefel*
   Geistesblitze und Genialität – Bilder aus dem Gehirn des Detektivs
   Die Visualisierung von Imagination in den TV-Serien SHERLOCK und HOUSE, M.D.
   ISBN 978-3-8382-0522-9

26 *Stephanie Boniberger*
   Musical in Serie
   Von Buffy bis Grey's Anatomy: Über das reflexive Potential der special episodes amerikanischer TV-Serien
   ISBN 978-3-8382-0492-5

27 *Phillip Dreher*
   Morin und der Film als Spiegel
   Eine theoriegeschichtliche Verortung der Filmtheorie von Edgar Morin
   ISBN 978-3-8382-0486-4

28 *Marlies Klamt*
   Das Spiel mit den Möglichkeiten
   Variantenfilme – Zwischen Multiperspektivität und Chaostheorie
   ISBN 978-3-8382-0811-4

29 *Ralf A. Linder*
   Zwischen Propaganda und Anti-Kriegsbotschaft:
   Die Darstellung des Krieges im US-amerikanischen Spielfilm als Indikator gesellschaftlichen Wandels
   ISBN 978-3-8382-0750-6

30 *Jana Zündel*
   An den Drehschrauben filmischer Spannung
   Zeit und Raum bei Alfred Hitchcock.
   Verzögerungen und Deadlines, klaustrophobische und expansive Räume
   ISBN 978-3-8382-0940-1

31 *Seraina Winzeler*
 Filme zwischen Spur und Ereignis
 Erinnerung, Geschichte und ihre Sichtbarmachung im Found-Footage-Film
 ISBN 978-3-8382-0414-7

32 *Tobias Dietrich*
 Filme für den Eimer
 Das Experimentalkino von Klaus Telscher
 ISBN 978-3-8382-1094-0

33 *Silvana Mariani*
 O Canto do Mar: Die Ästhetisierung von Realität?
 Reflexionen über den Realismus bei Alberto Cavalcanti
 ISBN 978-3-8382-1100-8

34 *Marius Kuhn*
 Im weiten Feld der Zeit: Die filmischen Transformationen des Romans *Effi Briest*
 ISBN 978-3-8382-1141-1

35 *Noemi Daugaard*
 Grauenvolle Atmosphären: Tondesign und Farbgestaltung als affektive und subjektivierende Stilmittel in THE SILENCE OF THE LAMBS
 ISBN 978-3-8382-1190-9

***ibidem**.eu*

www.ingramcontent.com/pod-product-compliance
Lightning Source LLC
Chambersburg PA
CBHW070247230526
45470CB00002B/512